JN438702

장군의 가족

장군의 가족

윤정희 수필집

수필과비평사

■ 작가의 말

글쓰기는 길을 나서는 일이다. 한 글자 한 글자 적어야 하니 내딛는 발걸음과 같다. 글을 쓰면서 설레면서 행복했다. 가슴 속의 생각들이 백지의 글밭에 나올 줄은 몰랐다. 가족사를 써 보라던 큰오빠의 분에 넘치는 말을 받아들이고 겁 없이 뛰어들었다.

한 편씩 완성된 글을 보내면 잘하고 있다고 칭찬을 아끼지 않았다. "많은 어려움이 따를 것이다. 그래도 놓지 말고 정진하다 보면 반드시 해낼 거라 믿는다."라고 글 농사를 부추겼다. 살아생전 내게 주신 오빠의 사랑이 너무 깊었다. 언제나 든든한 버팀목이 되어주었다.

삶의 발자취가 문학과는 거리가 멀었다. 여기까지 오기가 힘들고 버거웠지만 책을 만들어 보겠다는 일념으로 쉬지 않고 달려왔다. 아프도록 소중한 오빠에게 못난 누이동생은 약속을 지키고 싶었다.

숨기고 싶었던 삶을 고백한다. 서러운 보따리를 풀어낸 한 권의 책이 세상에 나왔다. 용기 잃지 않고 꾸역꾸역 걸어온 덕분에 기적을 이루었다. 졸필이라 두렵기도 하고 부끄러운 마음도 앞선다.

수필집이 나오기까지 도와주신 분들께 감사드리며 현충원에 계신 큰오빠께 이 책을 바친다.

2024년 3월

윤 정 희

차례

1부 _ 잃어버린 오월

2부 _ 추억 속에 묻다

3부 _ 소설 같은 이야기

4부 _ 어디쯤 가고 있을까

제1부
잃어버린 오월

잃어버린 오월

오월이면 지금은 뵈올 수 없는 스승님이 생각난다. 돌아가실 때까지 스승의 날이면 장미꽃과 카네이션이 어우러진 꽃바구니에 '선생님, 감사합니다.'라는 리본과 함께 수십 년간 주문 배달을 했다. 올해도 스승의 날은 돌아오지만 꽃다발을 보낸 그 오월은 돌아올 수 없다.

내 나이 열네 살 때였다. 영도에서 일 학년을 마치고 양정으로 이사 오면서 전학을 못 해 초등 과정 오 년을 빼먹고 신학기가 시작되었다. 매일 동생을 업고 언덕 아래 자리한 초등학교에 가서 창 너머로 수업을 훔쳐봤다. 그러던 어느 날 네 살배기 동생을 데리고 아침 조회가 시작되기 전 무작정 6학년 교실로 들어갔다. 맨 뒷좌석 남의 자리에 앉았다. 선생님이 들어와 둘러보았다. 자리 주인은 뒤에 뻘쭘히 서 있고 웬 낯선 계집아이가 떡 버티고 앉아 있었던 게 보였다. 얼마나 황당했을까.

선생님은 나를 빤히 보더니 말도 없이 골마루에 있는 여분의 책걸상을 교실 뒤에 갖다 놓고 서 있는 남학생을 앉게 했다. 쫓겨날까 봐 겁먹은 얼굴로 앉아 있는 나를 싫은 내색 없이 대하고는 아이들의 출석을 불렀다. 하루 이틀 나오다 그만두겠지 짐작했을 것이다.

야매 등교 첫 시간이었다. 칠판에 산수 문제를 빼곡히 적어 두고 아이들이 답을 구하는 동안 교실을 둘러보더니 선생님이 내 곁에 한참 서 있었다. 인기척을 느끼고 올려다보니 빙그레 웃으며 고개를 끄덕끄덕 해주셨다. 내가 인정받은 첫 번째 순간이고 그때 그분은 지금까지 잊을 수 없는 스승님이 되었다.

보름 동안 지켜보던 선생님이 드디어 나에게 보호자를 데려오라고 했다. 마침 개교기념일이라 집에 쉬고 있던 고등학교 2학년 작은 오빠를 데리고 갔다. 다음날부터 내 이름도 출석 명단에 올라 매일 아침 조회 때 이름이 불렸다. 그 교실이 바로 잊지 못하는 스승님 반이었다.

그분은 진주사범학교를 졸업하고 첫 부임으로 6학년 담임을 맡았다. 오 년이나 월반했어도 창밖 수업 덕분인지 잘한다고 칭찬해 주었다. 지금 같으면 왕따를 당했을 만도 한데 아이들도 착해서 좋은 친구가 되어주었다. 방과 후엔 몇 명이 남아서 과외수업을 했다. 과외비를 내고 하는 수업이었지만 끼어들어도 그냥 듣게 했다. 부잣집 아이들이 선생님 집에 모여 했던 특별 과외반에도 말없이 받아 주었다. 내 생애 최고의 은인을 만난 셈이었다. 세상에서 복 중에 으뜸되는 복이 좋은 스승과의 만남이라는 것을 지금도 믿는다.

그때는 철이 없어 고마운 줄을 몰랐다. 나이가 들기 전에는 내 살기 바빠 선생님의 은혜를 잊고 살았다. 큰아들이 초등학교 삼 학년 때 담임선생님과 면담 끝에 옛날 담임선생님 이야기를 했더니 친한 친구라며 연락처를 주었다.

보슬비가 내리는 어느 날 선생님의 전화를 받았다. 세월이 한참 지났는데도 나를 월반한 학생으로 생생히 기억했고 보호자로 데려갔던 작은오빠의 안부까지 물었다. 그 후로 가끔 연락이 있었고 어느 해 스승의 날을 맞아 남편과 함께 선생님을 찾아갔다. 계시지 않아 만나지 못하고 꽃바구니만 전해주고 왔다. 그때부터 스승의 날이면 잊지 않고 꽃바구니를 보냈다.

아들 담임의 말에 의하면 그 선생님은 교직 생활은 잠깐 했으며 부친이 대기업 회장이어서 가업을 물려받아 회장이 되었다고 했다.

해마다 회장님 앞으로 '선생님, 감사합니다.'라는 꽃 배달을 보냈고 직원들은 회장님을 선생님이라 부르는 사람과 어떤 사연인가 궁금해했다고 한다.

몇 해가 지난 뒤에 사촌 시동생 딸 결혼식장에서 선생님을 우연히 만났다. 초등학교 졸업 후 처음 대면한 것이다. 중년의 남성미가 무르익은 멋진 모습이었다. 한눈에 알아보고 활짝 웃으며 반갑게 맞아 주었으니 일생에 다시 없는 행운이었다. 시동생은 회장님 회사의 직원이었고 이후로도 시동생에게 많은 배려를 해주었다.

십 년이면 강산도 변한다. 한 해 한 해 지난 세월이 쌓이도록 꽃바구니는 잊지 않고 보냈다. 내가 할 수 있는 것은 꽃바구니밖에 없었다. 스물다섯 번째 스승의 날 꽃바구니를 보냈더니 만나자는 전화가 왔다. 맛있는 식사라도 대접하려고 약속 장소에 나갔다. 그때의 멋진 모습은 어디 가고 주름진 얼굴에 중풍으로 걸음도 잘 못 걷는 초라한 노인 한 분이 서 있었다. 내 눈을 의심하며 인사하고 다가갔더니 환한 미소는 변함없이 봄철 햇살을 받고 있었다.

매번 내가 대접해야 하건만 선생님은 내가 계산하는 것을 허락하지 않았다. 평생을 갚아도 못다 할 은혜이건만 되려 수십 년 넘게 꽃을 보내줘서 고맙다고 무엇이라도 돕고 싶다고 했다. 당시 내가 부동산 중개업을 하는 줄 알고 큰 물건을 부탁했지만 구해드리지 못했다. 그 후 종종 만날 때마다 거동이 불편한 몸이어서 자주 넘어질 때는 나를 붙들며 민망해하셨다.

한동안 전화를 못 한 삼 년이란 세월이 흘렀다. 선생님의 연락이 없었지만 꽃바구니는 해마다 회사로 보냈다. 어느 해 선생님이라 부르던 회장님이 삼 년 전에 작고했다고 회사 비서실에서 전화를 해주었다. 매년 꽃바구니는 회장님 선산에 갖다 두었다며 그동안 고마웠다는 소식을 전해 듣고 돌아가신 줄도 몰랐던 게 너무도 죄송했다.

일생에 가장 소중한 분을 진즉 알아보지 못하는 경우가 많다. 자주 찾아뵙지 못한 일을 뒤늦게 후회한다. 부모든 지인이든 '살아 있을 때 잘하라.'는 말도 있지만 가까운 사람일수록 그의 은혜와 존재를 가볍게 여긴다. 꽃 한 송이도 땅에 떨어져야 비로소 그 아름다움을 아쉬워한다. 지금부터라도 인연 따라 만난 사람들은 소중히 생각하며 망설이지 말고 연락하여 만남의 기회를 가져야 하겠다. 담장의 장미가 다시금 만개하는 오월이 되면 은사님에 대한 아쉬움은 더욱 붉게 피어난다.

행복한 가출

시골 생활을 모르고 자랐다. 친인척이 도시에만 살고 있어 시골은 귀동냥과 책에서 본 게 전부였다. 도시에도 논밭이 있어 사람들이 무논에 나와 못줄을 튕기며 모심기하는 풍경을 몇 번 본 적은 있다. 논두렁 새참을 맛있게 먹는 장면이 부러워 꽁보리밥이라도 얻어먹고 싶은 충동을 불러일으켰다. 내 어릴 적 그땐 어머니도 논일을 했으면 좋겠다는 철없는 생각을 여러 번 했다.

결혼 전 어느 한여름이었다. 남편이 될 그의 집에 갔다. 경주역에 내려 함월산을 타고 불국사와 석굴암을 넘어갔다. 불국사에 들러야겠다는 여유도 없이 방향도 모르는 외진 산길을 걸었다. 두렵기도 했으나 오직 한 사람만 믿고 걸었다.

땡볕에 콩죽 같은 비지땀을 흘리며 구불구불 촌길을 한참 걸은 후에야 그의 동네 초입에 들어섰다. 몇 시간인지 모르겠지만 태어나서 최고 많이 걸었다는 것은 지금도 확실하다. 전깃불도 없는 시골에서 개구리 울음소리를 들으며 하룻밤을 묵었지만 몇 번 와 본 것 같은 친밀감에 마음이 따뜻했다. 내가 책에서 보고 상상했던 농촌 풍경과 흡사했을까. 별생각 없이 갔던 그곳이 훗날 나의 시댁이 되었다. 지금은 고속도로를 타고 편하게 갈 수 있지만, 당시에는 낡은 버스 한 대가 겨우 다니는 자갈길뿐이었다. 벌써 반백 년이 지난 옛일이다.

신행길이었다. 이번에는 대절 택시를 타고 시집으로 갔다. 꼬불꼬불한 '토함산 추령楸嶺'을 넘어 민가의 불빛도 드문 산중으로 들어갔다. 결혼하기 전 걸어갈 때는 몰랐는데 너무 멀고 험하다는 생각에 결혼에 대한 걱정이 밀려왔다. 이 길이 내 인생길인 것만 같아서 주체할 수 없는 눈물을 계속 흘렸지만 이번에는 남편 하나 믿고 잘살아 보자고 각오를 다졌다.

농사철이 되면 시골에 가서 일을 거들었다. 농번기가 한창일 때는 새참을 머리에 이고 곡예사처럼 구불한 논두렁을 이리저리 탔다.

어릴 적 해보고 싶었던 일이 아닌가. 생경한 농사일이 서툴기는 하였으나 재미가 들어 힘든 줄 몰랐다. 밭에 나가면 싱싱한 채소가 지천이었고, 감자를 캐면 속 줄기에 주렁주렁 달려 올라오는 뿌리가 신기하기만 했다. 도시에서 맛볼 수 없는 시골 생활이 여유롭고 풍성해서 좋았다.

신혼 초에는 시아버지와 함께 부산에서 살았다. 시아버지는 이래라저래라 간섭하며 신혼 생활을 힘들게 만들었다. 장남인 남편은 그럭저럭 참았지만 나는 한계점에 이르기 직전이었다. 급기야 우리는 이부자리와 간단한 세간만 챙겨 살림을 나왔다. 사글셋방은 좁고 열악했지만 자유로운 신접살림이 모든 걸 극복하게 해주었다. 비로소 내 밥그릇과 내 이불을 가질 수 있었다.

큰아이 돌이 막 지났을 무렵이었다. 비가 부슬부슬 내리는 초여름날이었다. 남편과 사소한 문제로 말다툼을 하고 아이만 들쳐업은 채 집을 나섰다. 서운함에 반항심까지 더해져 막상 가출은 했으나 마땅히 갈 곳이 없었다. 친정 오빠들은 서울에 있어 엄두가 나지 않았고, 가까이 사는 친정어머니에게는 차마 집을 나왔다고 알리기가 싫었다. 저절로 발걸음이 시댁으로 향했다. 뙤약볕에 한참을 걷다가 덜컹거리는 버스를 타고 날이 어둑해질 무렵 시댁에 도착했다. 시어머니의 버선발 마중에 아무 일도 없다는 듯 웃으며 아이를 내려놓았다.

어머니는 영문도 묻지 않고 뜨끈한 밥을 한상 차려 주셨다. 기름기 자잘거리는 고기반찬은 없었으나 내가 좋아하는 시어머님표 가자미식해로 밥 한 그릇을 뚝딱 해치우고 누룽지탕까지 비웠다. 그제야 정신이 좀 들었다. 다음 날부터 시골 일에 재미가 들어 집에 갈 생각조차 잊어 버렸다. 시어머니는 여전히 왜 왔는지 언제 갈 건지를 묻지 않으셨다. 보름 남짓 내 집처럼 마음이 편하고 가벼웠다.

시골에는 시집의 친인척들이 모여 살고 있다. 사촌 시누이들까지 나를 챙겨 주면서 깊은 계곡과 근처 산사 여러 곳을 구경시켜주었다. 장날이면 어머님과 함께 장터에 가서 단술 건더기에 사카린 물을 탄 엿밥과 수구레국밥을 장바닥에 앉아서 먹었다. 부엌 가마솥에 불을 지펴 감자를 썰고 밀가루 반죽에 막걸리를 넣은 술빵도 만들었다. 잘 익은 홍시를 큰 독에 저장해 두었다가 챙겨 주셨다. 어머님은 인자하고 후덕하여 집 나온 며느리에게 무엇이든 아끼지 않았다. 친정이 아니라 시집을 찾아온 며느리가 고맙고 대견했으리라. 나는 그런 왁작대는 시골 분위기가 참으로 좋았다.

시아버지가 농사철이라고 시골집에 왔을 때 생각지도 않은 며느리가 있는 것을 보고 깜짝 놀랐다. 남편과 친정어머니는 부산에서 나를 찾아 야단인데 며느리가 시집에 와 있는 게다. 시어머니는 으레 아들과 상의하고 온 줄로만 알고 계셨다. 며칠 후에 남편이 올라와 집으로 돌아왔다. 이번에는 기차를 타고 왔다. 돌이켜 보면 참으로 철이 없던 시절이었으나 그때가 내 인생에 가장 자유롭고 행복했던 시절이었다. 팔 남매의 맏며느리라는 자리였지만 살아오면서 단 한 번도 시어머니의 맵찬 시집살이를 느껴 본 적 없다.

십여 년 전, 어머님이 뇌경색으로 쓰러졌다. 한걸음에 병원으로 달려갔다. 아무도 못 알아보고 일 년 가까이 견디셨다. 세상을 떠날 때는 옛날 시댁 마당의 겨울 감나무처럼 잎도 열매도 다 내려놓은 평온한 표정이었다. 지금도 나는 시어머니의 따뜻한 정과 사랑을 생각하면 마음이 아련히 죄여온다. 이때껏 시동생 시누이들과 형제자매처럼 잘 지낸다. 오래전부터 이어온 모임을 계속하면서 즐거이 살아가고 있는 게 그리운 시어머니의 음덕이 아닌가 생각한다.

한국 할머니

어디서 그런 만용이 넘쳐 났을까. 정말로 겁 없이 살았던 삼사십 대 시절이었다. 딱히 '이거다' 하고 짚이는 것도 없으니 패기만만한 젊음이 아니었던가 싶다. 그러나 젊음은 누구에게나 있지 않은가. 굳이 까닭을 찾는다면 선머슴아 닮았고 골목대장 같았던 활달한 성격이 한몫했지 싶다. 엄하기 짝이 없었던 어머니 밑에서 견뎌낸 힘들었던 살림살이의 저력이 내 안에 잠재해 있다가 표출된 것이라 보면 맞을 듯하다.

당시는 건강이 최악인데도 주어진 환경 속에서 열심히 살았다. 시백부님을 십 년이나 수발하면서 마지막에는 대소변을 받아 내야 하는 간병을 치렀으나 정작 나는 의무감으로 힘든 줄 몰랐다. 아이도 둘을 키우면서 녹록지 않은 형편이었지만 방송통신대학교에 다니면서 까다로운 공인중개사 자격증도 취득하였다. 그것도 모자라 이웃 형님들을 따라 불교 재단의 봉사활동도 열심히 했다. 독거노인 돌봄이도 하게 되었고 또 인연 따라 고아원에도 발이 닿아 외로운 아이들을 돌보았다. 사연이야 어찌 되었든 부모의 사랑과 손길을 외면당한 갓난아기부터 유아들까지 그들의 맑은 눈망울을 쳐다보면 하나같이 데려다 키우고 싶은 마음 가득하였다.

그중에도 가장 기억에 남아 아직도 눈에 아른거리는 여자아이가 한 명 있다. 여섯 살짜리 예쁘고 착해 보이는 그 아이도 나를 엄마인 양 잘 따랐다. 고아원은 도심에서 조금 벗어난 곳에 있었다. 우리 일행이 찾아가는 날이면 아이는 먼발치에서도 나를 알아보고 두 손을 번쩍 들고 달려와서는 덥석 품에 안기는 것이었다. 함께 봉사활동을 하는 형님들이 딸 삼으라고 농담을 하는데 정말 그러고 싶었다. 방문할 때마다 그토록 따르고 유독 나를 좋아하니 나도 딸인 양 착각하리만큼 정이 들게 되었다. 막내아들이 어릴 때인데 나는 그 아이를 데려다 키우고 싶어 은근히 진심을 담아 남편에게 운을 띄워 보았더니, 품 넓은 남편도 농으로 받아넘기고선 일언지하에 거절하였다.

큰아들 다음으로 가진 뱃속의 칠 개월 된 딸아이를 조산으로 잃은 적이 있었다. 아이가 마지막 숨을 거둘 때까지 지켜만 보아야 했던 가슴 아팠던 기억이다. 그 모습이 눈에 밟혀 오랫동안 지울 수 없었던지 나도 모르게 그만 이 아이에게 마음이 쏠린 것이다. 잃어버린 아이에 대해 어미로서 지켜주지 못한 미안한 마음은 마치 그 아이가 환생이라도 한 것처럼 여겨졌고, 이렇게 만난 인연이 속죄의 길인가도 싶었다. 아무튼 남편의 반대도 심했지만 건강도 악화되어 내 몸도 건사하기가 쉽지 않은 가운데 우리는 이사를 가게 되었다. 봉사활동에서 발을 빼게 되니 '눈에서 멀어지면 마음도 멀어진다.'는 격언처럼 차츰 소원해져 갔다. 그러나 마음속에는 항상 그 아이를 담고 있었다. 연유도 모르고 아이는 얼마나 날 기다렸을까 생각하니 편치 않았다. 지금은 어른이 되고 결혼도 하였을 터인데 어디에 있든 잘 살기만 바랄 뿐이다.

지인을 통해서 건성으로 얘기를 듣기도 하였지만 우연히 저녁 뉴스에서 아프리카 아이들이 열악하기 짝이 없는 비위생적인 생활 속에서 생존의 위협까지 받고 있다는 소식을 접하게 되었다. 지인이 적극적으로 이 아이들을 위해 후원을 하고 있다기에 나도 조금이나마 보탬이 되고 싶어 '월드비전 후원회'에 등록하였다. 그 인연으로 스리랑카의 산쟈나, 르완다의 쟈나뷰라는 여자아이 두 명을 후원하게 되었다. 그들은 학교는커녕 종일 돌을 깨어 팔거나 커피 생두를 주워

생계를 이어 가기도 바쁜 극빈 생활을 하고 있었다. 그나마 후원을 받는 아이들은 일을 하지 않고 학교도 다닐 수 있다고 했다. 지금은 십 년이란 세월이 흘러 얼마나 이쁘게 자랐는지 모두 훌륭한 청소년이 되어 있다.

성장하는 모습의 사진과 편지가 일 년에 두세 번은 온다. 나도 한국의 할머니라고 사진과 편지를 보내주었다. 아이의 가족들은 후원하는 분들을 위해 감사의 기도를 매일 올린다고 한다. 꼬맹이였던 아이들이 몸도 키도 훌쩍 자랐다. 교복을 입고 학교생활을 하며 하얀 치아를 드러내어 활짝 웃는 사진을 보면 나도 따라서 행복하다. 내가 낸 적은 후원금으로도 희망과 웃음을 줄 수 있다고 생각하니 이 얼마나 뿌듯하고 보람된 일인가 싶다.

얼마 전에는 '월드비전과 함께한 10년의 사랑'이라며 10주년 기념 증서를 받았다. 아이들의 풍성한 삶을 위해 함께해주는 후원자님이 자랑스럽다는 내용이었다. 현장에서 활동하는 봉사자들에 비하면 아무것도 아닌 보잘것없는 나의 행위를 두고 생색까지 내주니 계면쩍지 않을 수 없다. 여유가 있으면 더 돕고 싶을 만큼 마음이 가는 아이들이다.

십 년이란 세월 동안 편지를 주고받는 사이에 우린 듬뿍 정이 들어버렸다. 그 사이에 르완다 소녀를 만날 기회가 생겼다. 쟈나뷰는 그림도 잘 그렸다. 가족사진에 후원하는 나까지 넣어서 그린 그림과 편지도 보내주는 야무지고 똑똑한 아이였다. 나는 곧 만나러 가겠노라고 편지를 보냈고, 소녀는 무척 기대하고 있었을 것이다. 그러나 코로나 사태로 이 약속은 본의 아니게 공수표가 되어버렸다.

과거 우리도 그 비슷한 아픔을 딛고 일어섰다. 이제 대한민국의 자원봉사자들이 전 세계를 향해 마음의 빚이라도 갚겠다는 자세로 불우한 오지를 찾아다니며 희생과 봉사를 아끼지 않고 있다. 내가 후원하는 아이들의 나라도 워낙 열악하다 보니 나라 전체가 매우 심각한 분위기였다. 그래도 우리나라 봉사자들의 피땀 어린 노력으로 마을에 학교도 세우고 우물도 파서 아이들이 공부하고 깨끗한 식수를 마실 수 있게 개선해 놓았다.

최근 아이들이 다시 사진을 보내왔다. 주변이 깔끔하게 정돈된 곳에서 활짝 웃는 얼굴이었다. 예전보다 건강하게 잘 지내고 있으니 염려 말라는 글도 잊지 않았다. 무엇인가 뭉클하게 가슴에 닿아오는 것이 있었다. 한국 할머니로서 뿌듯이 보람이 느껴지는 순간이다.

알음 눈

대낮인데도 어두운 먹구름과 함께 장맛비가 내리는 오후였다. 친한 이웃 동생과 잠시 시장에 가게 되었다. 부지런한 동생은 하루에 투잡을 뛰고 있다. 다섯 시쯤 인근에 있는 회사에서 시각 장애인을 픽업하여 집까지 데려다주는 것이 자신이 오후에 해야 하는 일이라고 했다.

우리는 일찌감치 시장에 들러 장을 보고 시간 맞춰 어느 회사 정문 입구에 도착했다. 그 시간에 더욱 앞이 안 보일 정도로 장대비가 쏟아졌다. 다행히 차량까지 시각 장애인을 안내해주는 회사 측 도우미가 왔다. 동생은 그 장애인에게 앞 좌석에 아는 언니가 주변에 볼일을 보고 같은 방향이라 동승하게 되었다고 깍듯이 예를 갖춰 양해를 구했다. 그는 삼십 대 초반으로 인물도 잘생긴 준수한 청년이었다. 말하지 않았으면 몸이 불편한 줄 알아채지 못할 정도로 반듯하고 깔끔했다.

폭우로 곳곳에 도로가 막히고 차량들도 빗길이라 조심해서 달리는 바람에 그날따라 점점 시간이 지체되었다. 동생과 이런저런 이야기를 나누는 동안 그의 집 부근에 도착했다. 도시 속에 물줄기가 흐르는 수영강 근처였다. 여기는 언제 비가 왔던가 싶을 정도로 물결은 잔잔했고 하늘에는 구름 한 점 없었다. 같은 하늘 아래 이렇게 다를 수가 있나 싶었다.

차에서 내리기 전에 그는 동생에게 따끔한 일침을 놓았다. 선생님의 운전 미숙으로 십오 분이 늦었습니다, 도로가 막힐 때는 골목길로 빠지면 시간을 단축시킬 수도 있었습니다, 두 분이 이야기하느라고 도착시간이 지체되었습니다, 라고 매정하게 타박을 주는 것이었다. 말하자면 근무 태만을 지적하는 것으로 들렸다. 가슴 한편이 섬칫했다.

보이지 않는 자라고 마음을 놓았던 것이 잘못되었다. 우리는 눈을 감으면 아무것도 인지하지 못하는데 어떻게 길을 잘못 든 것이며 정확히 십오 분이 늦었다고 단정 지어 말할 수 있을까, 상상도 하지 못했던 그들만의 세계였다. 그들의 내면세계를 알고 싶었다. 흔히 말하는 그냥 스치는 촉이나 예감은 아닌 것 같았다. 다른 돌봄이 아주머니께도 청소를 정갈히 하지 않았거나 근무 중에 미용실을 다녀와도 잘못되었거나 경우가 아닌 것은 아니라고 콕 찍어 지적을 한다고 했다. 어떤 면에선 비장애인보다 민첩하고 똑똑하다.

'어둠이 짙어질수록 빛은 더욱 빛난다.'고 한다. 어둠의 세계에도 우리가 모르는 빛이 있지 않나 싶다. 우리는 두 눈 멀쩡히 뜨고도 때로는 생각 없이 세상을 제대로 볼 줄 모른다. 넘치도록 가졌어도 자신의 부족함만 탓하며 사는 사람이 부지기수이다. 보이지 않는 것에 대한 아쉬움을 안고 사는 사람일수록 마음속의 '알음 눈'으로 세상을 바라본다. 그들은 비장애인보다 더 예리한 통찰력을 가진 게 아닌가 싶다. 그러면서도 자신이 불행하다고 엄살을 부리거나 구차스러운 핑계를 대지도 않는다.

그들을 보면서 반성해야 할 일이 한두 가지가 아니다. 밝은 빛을 보고 살면서도 정작 내 속의 빛은 모른다. 내가 나를 모를 때도 많다. 이렇게 생각을 글로 적고 있는 순간에도 다른 누군가가 분명 내 속의 귀를 열어서 자판을 두드리고 있는 것일 수도 있다.

종종 속을 꺼내어 보고 싶은 충동이 인다. 이왕이면 감성도 남보다 뛰어났으면 좋으련만 답답할 때가 많다. 호소력도 있어야 하고 감수성도 예리하며 논리력도 갖추어야 좋은 글을 쓸 수 있다고 한다. 모든 것들이 부족한 것 같다고 내 속의 눈을 열어주지 않는 나를 탓하고 원망한다면 게으름뱅이 욕심의 극치가 아니겠는가.

이는 타고난 영감이라기보다는 피땀 어린 노력의 영역이다. 앞을 못 보는 어둠의 세계에서도 그들은 심안을 열어 오감을 발휘한다. 가슴속 내면에는 우리가 모르는 무엇이 들어 있을까, 어쩌면 또 다른 빛이 있을 것 같다. 인간은 바라보는 것과는 달리 자기 세계가 외부에 노출되는 것을 싫어하고 경계한다. 그러나 그날은 여지없이 우리의 얄팍한 속내가 드러나고 말았다.

나 외에도 다른 몇 분을 이전과 이후에도 탑승시켰다는 까닭으로 그는 동생을 과감히 해고했다. 억울함을 호소하며 이유를 물었더니 근무 태만이라 하였다. 결코 얕잡아보아서는 안 되는 그들의 고유영역을 무시했던 게 아닌가 싶다. 결국은 가진 자가 없는 자에게 잘린 것이다. 상대가 장애인이라고 방심한 오만이랄까. 절대로 이런 일은 없을 거라고 자만했던 틈을 타 불명예 해고라는 쓰라린 경험을 맛보게 해주었다.

앞도 못 보는 아들 같은 청년으로부터 해고라는 인생의 쓴맛을 보았다. 우리가 쉽게 생각한 것처럼 그리 호락호락하지도 않았고 지혜롭고 총명하기까지 하였다. 약간의 실수 정도로 생각할 수 있는 것도 그에게는 용납되지 않는 금기였다. 그러지 않고서는 어두운 세상을 살아갈 수 없는 그들만의 인생 신조이고 철학인지도 모른다. 어찌 되었거나 동생은 해고되었다. 거기에 나도 일조하지 않았나 싶어 마음이 가볍지는 않다.

그녀가 다시 시작한 일 또한 시각 장애인 돌봄이다. 이번에는 팔십 대 노인이다. 이분 역시 만만치 않은 분이라고 한다. 시각 장애인은 나라에서 제공하는 혜택도 많고 웬만한 기업은 의무적으로 장애인을 몇 명씩 채용해야만 하는 법조항이 있다. 동생의 수고비도 나라에서 지급해 주는 시급제로 이동 시간만 케어한다. 두 번째로 만난 장애인 돌봄 서비스는 그분의 건물 노래방까지 데려다드리고 세 시간쯤 지난 후에 원래의 출발지로 모셔오면 시급으로 돈을 결제받는 시스템이었다.

기다리는 시간이 지루해서 책이라도 보고 있으면 내일부턴 책을 보지 말라고 한다. 자기만 케어해야지 과외의 개인행동을 하느냐고 엄중하게 따진다. 아이러니하고도 불가사의한 일이다. 책을 보는 줄 어찌 아는지 참으로 궁금하기도 하다. 요즘 나 같은 사람이 있기 때문에 나라에서 주는 돈으로 너희들이 돈을 벌지 않느냐고 나름의 정면 돌파라는 방법으로 말하는 것이다. 이 논리는 타인의 신체에 대한 자유를 구속하는 것일 수도 있다. 그들의 '알음 눈'이 비장애인들보다도 더 냉철하다는 점이 놀랍다.

타인을 어떻게 대할 것인가에 대한 대답은 단 하나뿐이다. 언제나 편견 없이 대해야 한다. 그것은 자명의 진리이다. 그러나 이 원칙이 일방통행이어서는 곤란하다. 서로 조금 더 마음의 여유를 가졌으면 한다. 편견을 지워야 공존의 길이 열린다.

정복 두 벌

입춘이 지난 지 한참 되었다. 화창한 봄이 아닌 우중충한 날씨다. 아직은 쌀쌀한데도 계절에 맞게 피는 꽃들은 자기 할 일을 다 해야 한다는 듯 소담스러운 자태다. 내가 사는 아파트 단지에 벚꽃이 만개하였다. 터널의 장관을 혼자 보기 아까워 사진을 몇 커트 찍어서 베트남 주재원으로 있는 작은아들에게 한국의 봄소식을 알려 주었다.

예전에는 벚꽃 하면 진해밖에 몰랐다. 큰오빠가 육군사관학교를 졸업하고 진해 육군대학에서 교육받고 있을 때 벚꽃이 그리 좋은 줄 처음 알았다. 이렇게 계절 꽃을 볼 때마다 옛 시절들이 향수병처럼 찾아온다.

나는 언니와 오빠 두 분과 남동생 둘 사이에 태어났다. 아들 많은 집의 귀한 고명딸로 귀염받고 자라야 할 나이에 갑자기 가세가 기우는 바람에 요즈음 말로 흙수저로 전락하면서 무수리 같은 어린 시절을 보냈다. 초등학교 일 학년 때 막냇동생이 태어났다. 어머니가 장사를 하였기에 막내를 보는 것도 집안 살림도 모두 내 몫이 되어 버렸다. 그러나 항상 아껴주고 걱정해 주는 오빠가 두 분 계신다. 언제나 아쉬운 것은 가까운 거리에 살고 있지 않아서이다. 서울과 부산이니 한나절이면 갔다 올 수도 있는데 그게 그리 쉽지가 않다. 그래도 전화와 카톡 문자는 자주 할 수 있어서 얼마나 다행인지 모른다. 부모님께서 돌아가시고 소소한 것에도 걱정해 주는 친정 오빠들이 부모님 같고 보약 같은 귀한 분들이다.

어릴 때 우리 동네는 전기가 들어오지 않아서 호롱불을 켜고 살았다. 호롱불 위의 등급이 램프불이다. 둥근 유리관 밑에 조그만 기름통이 있고 심지를 끼워서 석유 불을 댕겼다. 엄동설한에 뜨듯한 방에서 공부하면 잠 온다고 작은오빠 따라 마당으로 나갔다. 마당 한켠의 오빠가 만든 딱딱한 나무 책걸상에 앉아 바람이 불어도 꺼지지 않는 불 밑에서 공부를 했다.

작은오빠는 부산중학교를 졸업하고 고교 합격은 했으나 등록금을 마련하지 못해 진학을 포기할 수밖에 없었다. 그렇게 이 년을 보내면서 새벽이면 신문 배달을 하고 여름에는 아이스케키를 팔아 등록금을 마련해 부산고등학교에 들어갔다. 하지만 중학교 동기생들은 삼 학년이 되어 대학입시 공부를 하고 있는데 후배들과 하려니 자존심이 상하였다. 고등학교 이 학년 때 육군사관학교 시험 준비를 했지만 서류 전형에서 필수인 졸업증명서가 필요했다. 야간 고등학교 삼 학년에 편입해 밤낮으로 다니며 의지를 불태웠다. 서류 전형의 1차 관문을 통과함으로써 십구 세 인생의 전환점이 되었다.

나도 학교에서는 쉬는 시간도 없이 책을 보았고 집에서는 오빠가 불철주야로 바쁜 중에도 중고 서점에서 저학년 문제집을 사 와서 풀어주며 뒷배가 되어주었다. 두 남매가 인고의 노력 끝에 작은오빠는 국비 지원으로 육군사관학교에 가게 되었고 나는 우수한 성적으로 등록금 없이 동래여자중학교에 들어갔다.

고난 속에서도 세월은 흘러 오빠 두 분은 연년생으로 어려웠던 육군 사관생도가 되었고 나도 중학교를 거쳐 어엿한 여고생이 되었다. 오빠들은 키도 인물도 배우 뺨칠 정도로 출중한데다 사관학교의 정복이 눈부시게 빛났다. 방학 때 쌍둥이처럼 멋진 정복 차림으로 가난한 동네에 들어서면 길목이 환하게 빛이 났고 동네 사람들이 다 부러워했다. 오빠들이 집에 머무는 동안 못질한 나무 벽에 걸려 있는 두 벌의 정복은 더욱 눈이 부셨다. 오빠들이 갈 때도 어머니는 흐뭇한 눈빛으로 뒷모습을 말없이 바라보셨다. 얼마나 자랑스러웠을까, 아직도 감회가 새롭다.

그때는 초대 대통령의 암울한 시절이었다. 경제도 어려웠고 사회는 문란한데다 뉘 집 할 것 없이 열심히 공부하는 자식들이 가물에 콩 나듯 했다. 두 분 오빠는 일류 중고등학교를 거쳐 육군사관학교를 갔으니 이웃 동네까지 천재 아들을 둔 집안이라고 소문이 자자해서 부잣집 부모님들이 많이 부러워했다. 비록 가난하게 살았지만 우리 가문의 자랑이었고 자존심이며 힘이었다.

내가 여고 이 학년 때다. 여름학기 쉬는 시간에 학생들이 우르르 복도에 몰려 창밖을 내다보고 함성을 지르고 있었다. 우리 학교는 교문에서 교정까지 좀 비탈졌다. 뭔가 해서 나도 목을 쭉 빼고 창밖을 보니 내 작은오빠였다. 하얀 정복에 흰 모자를 쓰고 까만 가방을 든 훤칠한 키에 늠름하게 교정을 바로 보고 올라오는데 한 편 영화의 주인공 같았다.

멋진 남학생만 봐도 마음이 설레던 한창 사춘기 여고 시절이었다. 그런 오빠가 얼마나 멋져 보였던지 소녀들의 함성과 함께 선생님들도 놀라서 뛰쳐나왔다. 그런데 오빠는 동요하지 않고 우리 반을 어떻게 알았는지 교실로 성큼성큼 들어왔다. 공부는 뒷전이고 복도가 떠나갈 듯 소란한데다 부러움의 시선을 눈이 따갑도록 받았다.

이렇듯 작은오빠는 간간이 나에게 기를 세워 주었다.

지금도 지인들 중에 오빠 안부를 묻는 분이 있다. 그런 분들을 만나면 어깨에 힘이 두둑이 들어간다. 학창 시절에 크고 작은 상을 받아오면 오빠들이 더 기뻐해 주고 동네 분들께 자랑하였다. 보잘것없고 작은 일에도 두 오빠들은 용기를 주고 사랑을 듬뿍 주었다.

매년 제사 때만 되면 새벽까지 술잔을 마주하며 고생한 어머니의 일생을 읊으시던 큰오빠가 지금 암이라는 병마와 싸우고 있다. 가슴이 무너진다. 육군 참모총장, 합참의장까지 하셨던 장군님이 눈에도 보이지 않는 병마에 맥을 못 추고 계신다. 천지신명께 매달려 본다. 간절한 나의 소원이 하루속히 이루어지기를 빌어본다.

고달프고 어려움 없이 사는 삶은 이 세상 어디에도 없다. 그러나 시련을 이겨내고 성공을 거두는 경우는 썩 많지 않다. 그 점을 고려해서라도 나의 보석 같은 두 분의 오빠가 제발 건강하셨으면 하는 바람이고 희망이다.

* 2021년 8월 6일, 안타깝게도 큰오빠는 영면에 들고 말았다.

장군의 어머니

어머니 생각만 하면 가슴이 먹먹해진다. 그 힘든 삶의 무게를 어떻게 이겨냈을까. '여자는 약해도 어머니는 강하다.'는 말, 내 어머니가 그랬다. 자식을 위해서라면 무엇이든 해서 굶기지 않으려고 그 젊고 고운 분이 무거운 것을 이고 온갖 장사를 안 해본 것 없는 억척스러운 어머니였다.

봄이면 들에 나가 나물을 캐서 시커먼 보리등겨로 수제비를 끓여 주었다. 개떡과 함께 끼니를 때우는데 식감이 꺼끄러워 너무 싫었지만 굶주린 배를 채우기 위해 참고 먹은 것이다. 친구 집에 놀러 가니 밀가루 수제비를 먹는데 그 맛은 음식 중에 양반이었다. 보기만 해도 매끄러운 게 비단결같이 술술 잘도 넘어갔다. 하얀 수제비를 실컷 먹어보는 것이 소원이었다.

영도 고갈산 밑 판자촌에 살 때는 오후 4시가 되면 큰 배가 지나가는데 영도다리를 들어 올린다. 어머니는 그때 시간 맞춰서 커다란 사구에 보리쌀을 씻어 저녁 준비를 했다. 먹고 남은 것은 소쿠리에 담아 여름이면 파리떼를 막기 위해 망을 씌워서 시원한 곳에 매달아 놓았다. 점심때 먹으면 어떨 때는 약간 상해서 쉰내가 났다. 미끄덩거리면 찬물에 흔들어 씻어서 먹었다. 잡초가 강하다고 했다. 그렇게 먹어도 배탈 나는 식구들은 없었다. 억센 것만 먹었으니 길들여져서 그럴 것이다.

어머니는 막내를 업고 나를 데리고 먹이를 구하러 영도 바닷가에 조개를 캐러 갔다. 가는 길목이 가팔라 절벽을 타고 곡예사처럼 한참을 가다 보면 절벽 아래 평평한 바위가 있었다. 하얀 물거품과 함께 파도가 철썩철썩 치는데 새까만 담치가 다닥다닥 붙었고 푸른 미역이 너울너울 춤을 추고 있었다. 어머니는 막내를 바위에 눕혀 놓고 나를 데리고 내려가서 담치와 미역을 땄다. 나는 파도가 우리를 쓸고 갈 것 같아서 무서웠지만 어머니가 시키는 대로 여덟 살 고사리손으로 담치를 따다가 손을 베이기도 했다. 어느 날은 순식간에 큰 파도가 덮쳐 어머니가 보이지 않았다. 인적도 없는 깊은 절벽 아래서 무서워 막내를 끌어안고 목놓아 울었다. 그런데 바윗돌 위에 억센 어머니 손이 보였다. 갯바위를 잡고 겨우 올라오던 기진맥진한 그 악몽 같은 어머니의 모습이 훤히 떠오른다. 신발도 다 떠내려 보내고 간신히 올라온 어머니와 부둥켜안고 울었다. 맨발로 험한 산을 타고 어떻게 집에까지 왔는지 기억이 없다. 지금도 나는 시퍼런 바닷물과 거센 파도를 싫어한다.

어머니는 충절의 고장인 진주에서 태어났다. 이곳에서 어머니의 성장기는 그다지 행복하지만은 않았던 것 같다. 어린 시절에는 대갓집에서 남부럽지 않게 자랐지만 일찍부터 실질적인 가장의 책임을 졌었다. 외할아버지는 아주 자상하고 요리도 잘하는 그 시대에 보기 드문 신식 남성이었다고 한다. 외할아버지가 장년기에 접어들면서 차츰 처와 자식을 멀리하기 시작했다. 어머니의 입장에선 아버지에 대한 실망과 아픔도 컸음이 당연하다. 언젠가부터 처자식을 버리고 소식을 끊고서는 맏딸인 어머니가 자연스레 외가의 가장이 되어버렸다. 아래로는 이모와 외삼촌이 있었다. 어머니는 성품이 깔끔하고 인물 또한 수려한데다 똑 부러지는 양반 기질의 청주 한씨 후예였다.

어머니는 결혼하고 나서도 한동안 외가의 보호자가 되었다. 외할머니가 돌아가시고 이모님을 서둘러 결혼시켜서 이모부가 계셨던 일본으로 보냈다. 그때 외삼촌도 함께 일본으로 건너갔다. 곁에 피붙이 하나 없는 어머니는 가족에 대한 연민의 정이 오죽했을까. 같은 여자의 입장에서 어머니가 겪었을 여인으로서의 그 한을 내 나이 칠순이 넘어서야 알 것 같다. 살아생전에 딸인 내가 어머니의 한을 조금도 헤아리지 못한 것에 대한 통한의 후회를 금할 수가 없다.

어느 해 이모님과 연락이 닿았다. 어머니의 어려운 사정을 알고 이모님이 보내준 돈으로 비록 판잣집이었지만 우리 집을 갖게 되었다. 제법 너른 마당도 있었고 먼 데서 길어다 먹었던 우물이 아닌 마당에 펌프로 저어 올리는 우물도 있었다. 어머니는 화초를 좋아해서 우물가에 예쁜 꽃들이 많은 꽃밭도 가꾸었다. 무궁화도 무성하게 자라서 마당 귀퉁이 우물가에 그늘도 만들어 주었다. 때문에 어린 나는 동네 공중화장실까지 가지 않아도 되는 행운을 누렸다.

아버지의 고달픈 삶도 우리들에게 가난만 물려주고 황망히 떠났다. 그토록 지긋지긋했던 가난의 흔적도 세월과 함께 묻혀갔다. 하루도 빠짐없이 새벽이면 장독대에 정한수를 떠 놓고 두 손 모아 빌던 어머니의 공덕으로 자식들은 다 걱정 없이 잘살고 있다. 큰오빠가 육군 참모총장이 되면서 어머니를 서울로 모셔갔다. 두 분 오빠들은 보기 드문 효자였다. 시대가 시대인 만큼 장군의 어머니라 대접도 남달랐다. 고통도 다 지나고 아름다운 인생을 보상받은 것이다. 한 번씩 부산 오면 고생한 흔적도 없이 곱고 당당했다. 늦게나마 자식

복을 타고났으니 천만다행이었다.

언제나 오빠 자랑뿐이었다. 행복한 축복을 마지막까지 누렸으면 좋았을 것을 마지막 생은 비참했다. 뇌경색으로 오 년을 의식 없이 요양병원에서 지내다 여든다섯에 한 많은 생을 마감했다. 부디 저 생에서도 장군의 어머니로 행복하게 살았으면 한다. 언제 들어도 '어머니'라는 이름에는 그리움이 간절하다.

'텔레비 할머니'가 있는 집

육십 년대 어머니 별호는 '텔레비 할머니'였다. 그것은 동네 아이들이 붙여준 별명이다. 우리 집 넓은 마당 한가운데는 커다란 나무 평상이 자리 잡고 있었다. 여름날 해 질 녘에는 확 트인 주변 풍광을 즐기며 시원한 평상에서 일상생활을 했다. 어머니는 워낙 깔끔한 분이라 청결은 물론이고 마당 한모퉁이에 철 따라 예쁜 꽃들로 정돈을 잘하셨다.

덩굴성 한해살이 초본으로 울타리를 타고 올라간 붉은색 장미

넝쿨, 명주 천을 걸어 놓은 듯한 새하얀 박꽃 더미, 그리고 해뜨기 전 눈을 떠 활짝 벙그는 자줏빛 나팔꽃의 자태는 눈부시게 싱그러웠다. 정성으로 가꾼 화단에는 다년생 꽃들이 줄줄이 피었지만 그중에서도 어머니처럼 새벽에 눈 뜨는 나팔꽃이 오래도록 인상에 남아 있다. 꽃밭의 울타리 역할을 하던 붉은 맨드라미는 좋은 식재료가 되기도 했다. 여름이면 무를 잘게 썰어 국물김치를 담글 때 이 꽃을 조금 따서 넣는다. 연분홍 색깔이 우러나니 한결 시원해 보이고 색감도 좋아 즐겨 먹었다.

여고 시절 같은 반의 친한 친구가 있었다. 재학 중에 부모님이 울산으로 이사하여 졸업할 때까지 몇 개월을 우리 집에 기식한 적이 있다. 지금도 만나면 그때 어머니가 해주신 분홍빛 물김치를 잊지 못한다고 한다. 간식거리가 귀한 시절이었다. 늦은 밤 군것질 생각이 나면 식구들이 잠든 틈을 타 부엌에서 숨죽이며 몰래 생쌀을 볶아 먹어가며 공부하였다. 지금 아이들은 도저히 상상으로도 느껴 볼 수 없는 우리들만의 추억이다.

세월이 흘렀다. 월남전 복무를 마치고 작은오빠가 귀국했다. 오빠는 그냥 몸만 돌아온 것이 아니었다. 우리가 쉬 경험하지 못했던 신식 문화와 문물이 우리 집 안방 가득히 오빠의 귀국 선물로 밀려들었다. 말로만 듣던 텔레비전도 안방에 들앉았고 레코드판을 올리고 틀던 유성기며 일제 카메라 등등. 가난했던 동네에 신통방통한 신식 기기들이 들어와 귀신이 곡할 듯한 요상한 소리를 울려 댔다. 당시 국내에선 텔레비전이 귀한 시절인지라 그에 대한 인식도 부족한 때였다. 앞으로는 안방에서 영화를 보고 즐기는 시대가 온다고 하는 말을 한쪽 귀로 흘려들을 정도였다. 그날 이후 우리 집은 신문명의 첨단을 맛보게 되었다. 매일 저녁이면 동네 사람들이 마당 가득하니 모여 요술 방망이 같은 기계 앞에서 정신줄을 놓고 숨을 죽이며 앉아 있었다.

그 시기에 맞추어 전설의 드라마 '여로'가 방영되었다. 지지리도 가난했던 '영구' 역으로 전 국민을 울리고 높은 시청률을 자랑하던 연속극이었다. 유일하게 텔레비전은 동네에서 우리 집뿐이었다. 일곱 시 삼십 분에서 이십 분간 마당에는 잠시나마 무슨 가설극장 같았다. 불우한 운명 속에 태어난 '분이'라는 여인이 주인공이었다. 가난에 못 이겨 술집과 사창가 작부로 전전하다 영구 집안의 씨받이로 들어가는 악습의 풍속도를 보여 주었다. 시어머니의 구박으로 호된 수난을 겪던 분이가 끝에는 부와 행복을 찾는다는 해피엔딩 스토리였다. 본방송 시간이면 거리도 썰렁하고 택시 영업도 멈추기까지 했다. 여기에 최고 국민 가수님의 심금을 울리는 주제곡을 곁들이니 시청자들은 빠져들지 않을 수 없었다.

그때는 지붕 위에 성인 키 두세 배나 되는 안테나를 세워 전파 수신을 하였다. 그러다 보니 바람이 불어 조금이라도 안테나가 틀어

지면 화면이 흔들려 수신 불량은 물론 방송이 멈추었다. 그럴 때면 잽싸게 올라가 안테나를 바로잡았다. 그 일은 어쩌다 보니 오빠가 없을 때 내 몫이 되어 버렸다. 태풍이라도 부는 날이면 당연히 텔레비전 시청이 불가하였으니 동네 관객들 모두가 연속극을 거르는 아쉬움에 어찌할 줄 몰라 발을 동동거렸다.

드라마 시작 전에는 어른아이 할 것 없이 시끌벅적하게 모여서 텔레비 할머니를 찾았다. 어머니는 어떠한 바깥일이 있어도 동네 분들 성화 때문에 그 시간 맞춰서 집으로 돌아와야만 했다. 이웃 동네까지 텔레비 할머니의 명성을 모르는 사람이 없었다.

작은오빠가 휴가철 때 집에 오면 신식 노랫소리에 조용하던 동네가 떠들썩했다. 오빠는 고교 시절 학교 앞 다방에서 DJ로 아르바이트한 적이 있었다. 그래서인지 육십 년대 팝송을 거의 꿰다시피했다. 월남에서 사 온 유성기에 유행하던 엘비스 프레슬리 팝송 레코드판을 틀어 깊은 밤인데도 볼륨을 양껏 올려놓았다. 우리는 비틀스의 노래에 맞춰 흥얼거리며 즐기기도 했지만 동네 사람들은 알아듣지도 못하는 외국 노래가 얼마나 시끄러웠을까. 지금 같아서는 마땅히 고성방가로 쫓겨나거나 경범죄로 처벌받을 일이다. 그러다 오빠가 가고 나면 말 그대로 적막강산이다. 그런데 오빠가 밤공기를 흔들어 음악 소란을 피워도 누구도 불평하는 이들이 없었다. 무관심이었는지 배려였는지 아니면 살기에 바빠 힘든 일터에서 돌아와 일찍 잠들 수도 있었겠다. 간밤에 누구 집에 무슨 소리가 났는지 아무도 말하는 사람이 없었다. 다들 힘들게 살았던 참으로 요술 같은 시절이었다.

나는 요즘도 한 번씩 그 텔레비 할머니 집에서 나팔꽃이 담장을 타고 오르는 환영을 느낀다. 그러면 어김없이 구슬픈 '여로' 주제가가 환청으로 들려온다.

오사카에는 그들이 산다

벚꽃이 흐드러지게 피던 봄도 어느새 끝자락이다. 그래도 공항 대합실에는 봄바람이 불고 있다. 울긋불긋한 옷차림에 한껏 부풀어 있는 김해국제공항은 새벽부터 시끌벅적하다. 일흔 하고도 중반이 넘은 할머니 이십오 명이 오사카행 비행기를 기다리고 있다. 새벽부터 한껏 멋을 내고 나온 할머니들은 여고 동기생들이다. 작년부터 시작한 소풍 열정이 아직도 식지 않았다. 일찍 서두른 덕분에 탑승 시간이 여유롭다.

삼십여 년 전 외가 식구들과 재회할 때였다. 오래전에 헤어진 이모님과 외삼촌이 한국에 오셨다. 어머니 따라 막냇동생과 김해공항에 마중을 나갔다. 오사카발 비행기가 도착하였다는 방송에 이어 탑승객들이 입국장으로 쏟아져 들어왔다. 그들과 헤어졌을 때 나는 다섯 살이었고 동생은 태어나기도 전이었으니 누구의 얼굴도 기억할 수 없었다.

어머니와 이모, 외삼촌은 세월이 무색하게도 서로를 한눈에 알아보고는 인파 속에서 손을 번쩍 들었다. 사십여 년 만에 만나는 자매, 남매치고는 그들의 재회가 밋밋한 데에 적이 당혹스러웠다. 텔레비전 방송에서 보던 이산가족 상봉처럼 부둥켜안고 몸부림치는 장면을 기대했으나 속내는 모르지만 너무도 어색해 보였다. 한 세대 이상의 세월을 이국에 떨어져 있던 피붙이들의 만남치고는 그리 건조할 수가 없었다. 도대체 이 장면은 어떤 그림인가, 동생과 나는 허탈하고 의아한 표정으로 지켜보았다.

어머니 연세 육십 중반이었다. 외삼촌은 아주 어릴 때 건너가 한국말이라고는 전혀 하지 못했다. 큰누님에 대해서는 관념뿐 애정이 없는 것은 이해가 간다. 이모님은 한국말이 서툴기는 했어도 별 무리 없이 의사소통은 가능했다. 사십 년이 형제자매 간의 정서와 감정을 메마르게 해버린 탓이리라. 그렇더라도 서로 멀뚱멀뚱한 채로 손만 잡아보는 건 아니다 싶었다. 그것이 공항에서 첫 만남의 전부였다.

무엇이 이분들의 감정을 이토록 메마르게 했을까. 여느 만남 같았으면 쌓이고 쌓인 이야기보따리를 풀어헤치며 눈물 콧물 범벅이 되어 몇 날 며칠이라도 시간이 부족할 터인데, 이 묘한 상봉은 눈물 한 방울도 없이 보낸 이박 삼일의 시작점이었다.

그저 시간만 때우고 언제 만난다는 기약도 무시한 채 그들은 다시 떠나갔다. 누구 한 사람이라도 구구절절한 옛이야기라도 꺼냈으면 좋았으련만 아무도 애달파하는 모습을 볼 수 없었다. 힘들게 살아 아픈 속내를 들추어내기 싫어 말보다 침묵이 더 깊은 교감이라 그랬을까, 아니면 함께한 시간이 전무하여 공통 화젯거리 자체가 없었던 것일까. 이웃사촌보다도 못한 것 같아 지켜보는 내내 안타까웠다.

떠나던 날 출국장으로 들어가면서도 그랬다. 만날 때와 똑같이 손만 번쩍 드는 것이 다였다. 마음속에 애절한 동기간의 정도 있었을 터인데 아무리 생각해도 이해할 수 없는 상황이었다. 자주 안 보면 저리되는 것인지, 사십 년 만에 처음이고 생전에 마지막 만남이 될 수도 있을 것이다. 나중에 후회할 것이라는 마음은 안중에도 없었다.

옛날 어릴 때였다. 단칸방 시절을 못 벗어나고 있을 때 이모님과 연락이 닿아 보내주신 돈으로 버젓하게 집도 갖게 되어 집 걱정 없이 살았다. 그런 이모님의 고마웠던 정을 기억하며 따뜻한 마음으로 보듬어주기를 바랐다. 철마다 예쁜 옷을 보따리로 부친 속정은 보통이 아니었을 거다. 나는 이모님이 주신 명품 옷으로 유년기에는 누구보다도 예쁘게 차려입어 남의 입에 오르내릴 정도였다. 우리 형제들이라도 외가댁의 안부를 진작 챙겼어야 했는데 그러지를 못했다.

내 나이 사십 초반에 남편과 함께 오사카에 가게 되었다. 어느 자그만 아파트에 살고 있는 이모의 딸을 찾아갔다. 열 평 남짓한 좁은 집 거실 한가운데 탁자 밑에는 따뜻한 유담프가 있었다. 점심은 전통 일식 도시락을 주문해 맛있게 먹었다. 사는 게 그리 넉넉하지는 않은 것 같아 얼마간의 엔화를 봉투에 넣어 담요 밑에 두고 왔다. 이종동생은 얼굴도 예쁘고 착해 보였다. 그때 만남이 처음이고 마지막이다. 지금은 동생도 일흔이 넘은 할머니가 되었을 것이다. 외가댁과의 만남이 이것이 끝인가 싶은 게 어딘가 씁쓸하고 허전하다. 그 후 연락이 두절됐으니 아마도 이모나 외삼촌도 지금쯤은 두 분다 이 세상 분이 아닐 수도 있다.

그리운 어머니의 그림자 속에서 헤매는 동안 오사카발 도착 방송이 나왔다. 출국장 이층 난간에서 아래층을 바라보니 우르르 탑승객들이 쏟아졌다. 부모님 마중 나온 자식들도 있는가 하면 눈이 시리도록 애정 어린 연인들의 속삭임도 간간이 뜨였다. 눈인사만 하는 사람들 사이에 봄꽃처럼 만개한 껴안음도 보였고 아무개 이름이 적힌 피켓을 들고 두리번거리는 다양한 만남의 분위기도 볼 수 있었다. 그 속에는 무심한 세월 속에 흘러가 버린 어머니의 상봉 장면도 주마등처럼 스쳐 갔다.

오사카행 탑승 방송이 나왔다. 친구들은 재빠르게 가방을 끌고 탑승장을 향한다. 활짝 핀 칠순의 할머니들은 바라만 봐도 감동이다. 하지만 내 마음은 마냥 가볍지만은 않다. 다시는 뵈올 수 없는 오사카에는 외가댁이 있었다. 어머니를 가슴에 안고 조심스레 여행길에 오른다.

무덤에 장미꽃을 놓고

아버지 형제는 큰아버지 한 분뿐이다. 그래서인지 두 분의 우애도 남달리 돈독했다. 나는 어릴 때 말수가 없는 아버지보다도 유머가 풍성하고 재치가 넘치는 큰아버지를 더 좋아하며 따랐다. 큰아버지 역시 조카들을 아끼고 사랑해주면서 성가신 줄 모르고 잘 놀아주었다.

아버지는 늘 과묵하고 무뚝뚝하여 자식들에게 애정 표현을 제대로 할 줄 몰랐다. 속내는 알 수 없었지만 워낙 표현이 없어서 아버지에 대한 살가운 기억은 별로 없다. 어린 시절에는 부유한 집안이었던 아버지를 두고 남들이 부러워하였다. 그러나 내가 기억하는 아버지는 가난에 쪼들리고 세파에 찌든 무기력한 모습만 남아 있다.

하지만 젊은 시절에는 아버지 사업이 잘되어 큰아버지의 학업 뒷바라지를 하셨다. 큰아버지는 일제강점기 때 일본에서 대학을 나왔다. 그러니 최고의 학벌에다 인물 또한 출중하셨다. 그 시대 여성들에게 로망의 대상이었고 사랑하는 사람도 있었다. 결혼을 약속한 여성을 할머니께 말씀드렸지만, 그때의 부모님들처럼 할머니도 결코 일본 여성을 며느리로 받아들일 수는 없었다. 큰아버지는 시대를 잘못 타고난 이유만으로 평생을 자학하다시피 사셨다.

집에서는 배필감을 구해 결혼을 서둘렀지만 정작 혼인의 당사자는 작정하고 일본으로 도망을 가고 말았다. 사랑하는 여인과 어차피 이승에서는 이루어질 수 없으니 함께 세상을 하직하기로 결심했다. 일본 땅 시골 강변에서 여성의 기모노 오비로 두 사람은 몸을 묶어 강으로 뛰어들었다. 정신을 차려 눈을 떠보니 하늘에 별이 총총했다. 살펴보니 본인은 물 위 바위에 떨어져 있었고 여자분은 물밑에 잠겨 있어 겨우 찾아서 살렸다고 하셨다. 그 후 두 분은 한국에 나와서 강원도 어느 사찰 옆에 잠시나마 꿈결 같은 시간을 보냈다. 그야말로 한 편의 인생 드라마를 찍었던 것이다.

그때는 결혼이라는 인륜지대사를 부모의 명을 거슬러 가면서까지 결정할 수 없는 게 우리의 풍습이었다. 어쩔 수 없이 할머니께서 정해준 여성과 정략결혼을 했다. 큰어머니와 살림을 하면서도 연분을 잊지 못하여 해방 후에도 밀항선을 타고 일본으로 건너가 첫사랑을 찾으셨다.

당시로선 보기 드문 고등교육을 받고 증권회사에 다니며 만주를 오가면서 꽤 잘 나가던 분이었다. 그러나 현실은 마음에 둔 한 여성 때문에 몸은 어디에도 정착하지 못하고 바람 따라 떠돌이 생활을 하면서 가족도 돌보지 않았다. 사정이 그러하여 큰어머니도 젊은 나이에 남편 사랑을 못 받았으니 자식에 대한 애착도 없으셨다. 남편이 그럴수록 자식만 바라보고 살아야 하던 그 시대의 여성과는 거리가 멀었다. 주위의 눈 밖에 나는 행동만 하였으니 두 분 사이는 늘 물과 기름처럼 유리될 수밖에 없었다.

큰아버지는 우리 집에도 자주 와 계셨다. 우리도 어려운 단칸방 살림을 할 때였다. 어머니의 눈총을 받아 가면서까지 한참 동안을 머물러 지내셨다. 특히 큰오빠를 무척 좋아했다. 세월이 흘러 큰오빠가 장군이 되었을 때 세상 누구보다도 기뻐해 주었고 큰오빠 역시 안 계신 아버지를 대신하여 큰아버지를 알뜰히도 챙기셨다.

큰아버지는 살아오면서 자신의 재능으로 사회에 기여할 수 있는 기회도 많이 있었다. 나라에서 알아주고 찾는 분도 많았지만 본인은 정작 정치에 관심이 없었다. 항상 입버릇처럼 당시의 시대가 마음에 안 든다고 사회를 등지고 사셨다. 그러다 보니 학식도 무색하게 평생 변변한 직업 없이 제대로 된 가장의 역할도 못 하고 아이들만 고생을 시켰다. 그래도 세월이 약이라고 방황도 끝나고 며느리를 잘 본 덕분에 큰아버지 노후는 안정을 되찾고 나름의 행복한 삶을 누리게 되셨다.

올케언니는 의류 사업을 하는 큰손 여장부였다. 큰아버지는 팔십이 넘은 나이에 해외에서 사업하는 며느리를 따라 아르헨티나로 이민 가셨다. 그곳에서 모국의 2세들을 위해 한국의 서적들을 모아 도서관을 운영하였다. 그 후 미국에 정착해서 노후를 즐기다 아흔이 넘어 파란 많은 생을 마감하셨다.

큰아버지 팔십 중반 때였다. 올케언니가 사업차 한국 들어오는 길에 모시고 왔는데 큰오빠 집에 있다가 우리 집에도 잠시 머무셨다. 가지고 다니는 가방에는 항상 두꺼운 소설책이 들어 있었다. 구십이 넘도록 돋보기 없이 독서할 정도로 건강도 좋으셨다. 안타까운 첫사랑 이야기도 그때 들었다. 놀랍게도 한국 오기 전에 먼저 일본에 들러서 첫사랑을 찾았다고 하셨다. 이미 고인이 되어 버린 그녀의 무덤에 한 다발 장미꽃을 놓고 왔다면서 구구절절한 이야기를 내게 다 들려주었다. 그 연세에 그토록 오랜 세월 동안 못 잊고 생생히 기억하신다는 게 한편 경이롭고도 멋져 보이기까지 했다.

나이 구십을 코앞에 두고도 무슨 얘기를 하실 때면 익살스럽게 장난기 넘치는 함박웃음을 곁들이는 추임새가 영락없이 코미디언이었다. 특히 첫사랑을 이야기할 때는 참으로 행복해 보였다. 평생토록 가슴 한복판에 새겨온 사랑의 위력이 이토록 대단하여 심신이 씁쓸하셨겠다는 생각도 마음 한구석에 저며 든다.

참새 방앗간

손님 중에 비슷한 연배의 가녀린 여성 고객이 한 분 있다. 십수 년 전에 시세보다 훨씬 싼 가격에 사 둔 아파트가 지금은 부산에서 손꼽히는 대장주이다. 노후 걱정은 잊어도 될 것 같다고 좋아한다. 자주 오가면서 서로가 속내를 드러내다 보니 더한층 친하게 지냈다.

젊어서 남편과 사별하고 자식 셋을 키우려니 살길이 막막했다 한다. 아이들의 굶주린 배라도 채워줄 요량으로 살길을 찾은 곳이 어느 사찰 공양간이다. 그곳에서 공양주로 일하게 되면서 차츰 마음도 안정이 되었다. 심성이 고운 분이라 어딜 가서 무엇을 하든 곱게만 봐줄 인품이다.

지금은 자식들도 잘 성장하여 인물 출중하고 사는 것도 걱정이 없다. 그동안 쉬지 않고 무슨 일이든 자식들에게 짐이 되지 않으려 노력하는 모습도 보기 좋았다. 우리는 작은 일에도 서로를 칭찬하고 위로하며 지냈다. 오래도록 공양간에 적을 두어서인지 불심 또한 대단했다. 어쩌면 그녀의 공덕으로 자식들도 편하게 잘 산다는 생각이 든다. 우리가 처음 만났을 때는 사는 게 좀 편해 보일 때였다. 그러나 세월이 지나면서 고생을 많이 한 탓인지 몸 어디 하나 성한 곳이 없다고 한다. 최근에는 밤새도록 뜬눈으로 보낼 만큼 육신이 아팠단다. 얘기를 듣고 보니 그 몸으로 집 밖 나들이나 제대로 할 수 있을까 싶은데도 염려와는 달리 곧잘 외출하는 모습을 볼 수 있었다. 은행도 지하철역도 우리 사무실 앞을 지나는 곳이기에 창 너머로 아는 분들을 많이 볼 수 있다. 친한 이들은 꼭 들르는 곳이라 해서 참새 방앗간이라는 별칭도 붙었다.

한동안 그녀의 발걸음이 뜸해 걱정되었다. 전화를 하니 다행히 목소리가 밝아 보였다. 며칠 뒤 사무실로 찾아왔다. 여전히 마른 체구였지만 음성은 힘이 있어 보였고 표정은 여유로웠다. 무슨 좋은 일이라도 있었느냐고 물었더니 그동안 숨겨왔던 사실을 쑥스러워하면서도 의기차게 풀어놓았다.

자랄 때 시골의 가난한 집안 사정으로 한글만 겨우 깨쳤다고 한다. 바쁘게 사느라 배움의 기회를 잡지 못한 게 한이 되어 늦었지만 용기 내어 야간 학교에 다닌다고 했다. 너무도 떳떳하고 자랑스레 얘기하는 얼굴이 환해 보였다. 당당하게 말하는 목소리에도 자존감이 있어 보였다. 잘살고 있다고 격려하면서 새로 찾은 청춘에 응원의 박수를 보내주었다. 한글을 다 익혔음은 물론이고 중학교 검정고시까지 마쳤다면서 계속 고등학교도 도전하겠다고 하였다. 배움에 때가 있는 것이라 하지만 생각하기 나름이며 학문도 배우기 나름이란 생각이 들었다. 늦으면 어떤가, 용기가 가상한 것이다. 나도 희수의 나이에 글을 쓰겠다고 용기 내어 젊은 문우들 속에 어울려 있지 않은가.

그녀가 꽤 오랫동안 보이지 않아 학업에 열중하나 했다. 어느 날 가족으로부터 전화가 왔다. 그동안 정신이 온전치 못한 어머니가 며칠째 집을 나가 찾을 길이 없다고 했다. 딱한 사정을 주고받던 중에 우연치고는 믿기지 않을 사태가 일어났다. 사무실로 낯익은 그녀가 지친 걸음으로 들어왔다. 가족들을 안심시키고 자리에 앉혀 따뜻한 물 한 잔을 건넸다. 머리숱이 듬성듬성한 파마머리가 산발로 엉클어지고 목이 훤히 드러난 낡은 티셔츠 하며 너덜한 신발까지 형상이 말이 아니었다. 어디를 돌아다니며 고생을 했는지 짐작할 수도 없지만 용케도 나를 찾아와 주어서 고마웠다. 어쩌다 이런 몹쓸 병이 왔는지 불쌍하고 가여웠다. 살포시 안아서 등을 토닥여주었더니 순한 어린애마냥 가만히 있었다. 한참을 미동이 없더니 내 품에 안긴 채 잠이 들었다. 의자에 편하게 눕혀 얇은 담요를 덮어 주었다.

퇴근 시간이 되었는데도 그녀가 일어날 생각을 않았다. 지켜보니 새근새근 곤히 잠든 숨소리가 고르고 편해 보였다. 땟자국으로 얼룩진 모습이긴 해도 자세히 보니 곱상한 얼굴에 피부 결이 반드럽고 고왔다. 저녁을 먹여서 집에 데려다주고는 정신이 좀 나는 것 같아 이런저런 주의 사항을 일러주었다. 알아들었다는 듯이 고개를 까닥까닥했다. 안심하고 문을 나서는데 쫓아와서 내 허리를 꼭 껴안았다. 뒤돌아보니 소리 없는 눈물을 뚝뚝 흘리고 있어 발걸음이 떨어지지 않았다. 이후로도 종종 사무실 유리문으로 빼꼼히 들여다보고 손님이 있으면 두 손을 합장하고 인사를 꾸벅꾸벅하고 지나간다.

내 일터인 사무실은 동네 사랑방이고 인생 상담소이기도 하다. 이십 년이 넘도록 한자리에서 일을 하다 보니 어떨 때는 밀물처럼 몰려왔다가 때로는 썰물처럼 빠져나가기를 여러 번 반복했다. 그동안 수많은 사람이 철새처럼 왔다가 떠나갔다. 손님으로 와서 친구가 되어 잘 지내다가도 어느 날 발길이 끊기고 또 새로운 사람으로 채워진다. 사람마다 성향이 다르다 보니 이해타산으로 오는 손님도 있고 인정으로 머무는 이도 있고 그냥 놀이터로 스쳐 간 자도 있었다. 정을 듬뿍 주고 간 사람도, 상처만 남기고 간 사람들도, 이해가 안 가는 불가사의한 행동을 한 사람들도 있었다. 건강했는데 어느 날 말을 쉴 새 없이 반복하는 치매 환자가 된 분도 있었다. 알고 보면 나름대로 훌륭한 분들이었다. 지금은 병들거나 중증 환자로 요양병원에 있는가 하면 이 세상에 없는 분들도 있다. 심지어 복잡한 금전 관계에 얽혀 철장 신세가 된 자도 있다. 가히 인간 시장이 따로 없다.

나의 가장 가까운 지인들도 마음의 짐을 내려놓던 곳이었다. 함박웃음으로 이야기 삼매경에 빠졌던 그 순간들이 머물렀던 장소였다. 기억이 어제인 듯한 편안한 쉼터였다. 인생도 여행과 같아서 힘들면 잠시 쉬어가듯이 그때의 참새 방앗간은 생의 정거장과 같은 곳이었다.

다들 좋은 인연이었는데 이제 홀로 덩그러니 남은 듯하다. 옛날의 시끌벅적하던 사무실은 조용해졌다. 나름대로 새로운 분위기를 맞게 된 것이다. 이렇게 시간 내어 책도 읽고 글도 쓸 수 있으니 나만의 시간을 잘도 활용할 수 있어 좋아진 점도 있다. 그래도 가끔 그들과 함께했던 참새 방앗간 시간들이 아련히 그리울 때가 있다.

편지 소설

그렇게 큰 배는 난생처음 보았다. 파월 장병을 가득 태운 삼층으로 된 수송선은 헤아릴 수 없는 많은 사람이 탈 수 있었는지 수천 명은 족히 되어 보였다. 여고 일 학년 때 전교생이 지금의 부산항 제2부두에 나가 월남으로 떠나는 참전용사들을 환송하며 무운장구를 빌었다. 나의 두 오빠도 파월 장교로서 그 대열에 함께 있었다.

우리는 반별로 열을 지어 환송단 맨 앞쪽에 깃발을 흔들며 서 있었다. 우방이라는 이름으로 이역만리 남의 땅에 목숨을 내놓고 떠나가야 하는 현실이 어린 마음에도 착잡하였다. 그때 선생님께서 나더러 앞으로 나가 저 위를 쳐다보라고 하셨다. 영문도 모른 채 시키는 대로 나가서 까마득하니 높은 꼭대기를 바라보았다. 수많은 군인이 미지의 전선을 향한 설렘과 조국 땅을 뒤로하고 떠나야 하는 아쉬움을 달래며 아래를 향해 힘차게 손을 흔들었다.

그 가운데 헌칠한 군인 한 명이 나를 가리키며 뭔가를 휙 던져주었다. 배 위에서 떨어진 것을 주워 펼쳐보니 군번과 이름을 또렷이 적은 종이에 은반지 하나가 싸여 있었다. 은반지는 전장으로 나가는 아들을 위해 낯설고 물선 그곳의 음식물에 대한 안전을 기원하는 상징적인 의미로 어머니께서 주신 것 같았다. 어머니의 정성과 바람이 담긴 소중한 것을 일면식도 없는 여학생에게 왜 던져주었는지 그때는 몰랐다. 비록 거리가 좀 멀기는 했어도 인물이 남자답고 씩씩하며 잘 생겨 보였다. 그날 이후 그 반지에 대한 생각이 희미해질 즈음 학교로 편지가 한 통 날아왔다. 반지의 주인공이었다. 편지는 물론 선생님의 검열을 거친 것이었다. 그런데 내 이름은 어찌 알고 어떻게 그 편지가 정확하게 나에게 전달될 수 있었는지는 아직도 궁금하다.

그때부터 나는 다른 친구들이 다 쓰는 위문편지라는 것을 보내게 되었다. 위문편지란 으레 불특정인을 상대로 하는 것임에도 불구하고 나의 위문편지는 남들과는 좀 달랐다. 호칭은 국군 아저씨였지만 그 사람은 처음부터 편지의 서두에 '정희'가 아닌 '정아'라고 불렀다. 그러니 느낌상 좀 더 다정해 보였다. 몇 번 서신이 오고 가자 나중에는 자기 사진도 보내주었다. 그러던 중 서로가 마음이 통했는지 내 사진도 부탁하는 단계가 되었다. 머나먼 월남 땅에서 그것도 전장의 한가운데서 무슨 낙이 있었을까 그때의 심정이 이해는 되었다. 어디까지가 사실인지는 몰라도 소속 내무반에서 애인이나 여자친구를 대상으로 사진 콘테스트가 있다면서 나의 사진을 한 장 보내 달라는 편지를 받게 되었다.

해마다 가을이면 우리 학교 뒷동산은 코스모스가 흐드러지게 피어 밭을 이루곤 했다. 마침 가을이고 해서 점심시간에 친구들이랑 담소도 나누고 사진도 찍었다. 나는 그에게 보낼 요량으로 온갖 예쁜 포즈를 다 취해가며 찍어 보았다. 그중 시집 한 권을 들고 제법 문학소녀인 양 자연스레 미소 짓는 사진이 마음에 들어 그것을 보냈다. 시간이 한참 지난 뒤에 사진 소식을 전해왔다. 내가 보낸 사진으로 내무반 사진 콘테스트에서 일등을 하였다고 기쁜 소식을 전한다면서 내 마음에 흡족하고도 넘칠 만큼의 찬사로 가득한 답장을 보내왔다.

그 당시 일본 작가 미우라 아야코의 소설 '빙점'이 세계적으로 베스트셀러에 올라 있었다. 기독교 사상에 입각한 인간의 원죄를 다룬 내용으로 1965년 이 소설이 첫 출판되자 독서계는 이른바 빙점 신드

롬을 불러일으킬 정도로 인기를 몰아갔었다. 단편에서 끝내야 할 소설을 독자 대중들이 주인공을 살려내라는 항의 소동으로 하권까지 내었다고 했다.

그런데 문제는 이 소설이 아니라 그 사람이었다. 그냥 책을 사서 선물이라며 보내주면 될 것을 지극정성으로 상하권을 편지로 적어서 연재소설처럼 매주 두 통씩 학교로 배달시키는 것이다. 편지 검열을 하시던 선생님도 감동받았다고 했다. 책 두 권의 연재가 다 끝나고 보니 우리 집에 모아둔 편지 소설이 어느덧 두 박스나 되었다. 그렇게 쌓인 편지지와 함께 나도 모르게 그 사람에 대한 사모의 정도 차츰차츰 쌓여갔다. 당시에는 월남에서 보내온 편지지가 재질이 좋았다. 미군 용품을 공급받은 덕분인지 요즈음 우리가 쓰는 복사지보다 더 매끄럽고 투명하여 질이 좋았던 것 같다.

졸업할 무렵 그분의 어머니로부터 편지 한 통을 받았다. 편지 내용으로 미루어 봐선 학식이 든 교양 있으신 분으로 기독교 신자인 것 같았다. 그간 어머니께 어떻게 나를 소개했는지 아예 며느릿감으로 작정하고 예를 갖추어 아들을 대신해 편지를 보내오셨다. 그때만 해도 볼펜보다 만년필이 대세였는데 세로로 써 내려간 가사체 글씨도 유려한데다 그 문장 또한 보통이 아닌 격이 높은 분이었다. 그 뒤로 세 통의 편지를 더 받았다. 주소지가 강원도이고 구 남매의 맏이라고 했다. 아들에 대한 어머니로서의 사랑도 극진해 보였다. 세 사람은 서로가 한 번도 만난 적 없으면서 마음만 편지지에 실어 보내고 받았다.

월남 복무를 무사히 마치고 귀국한다는 연락을 받았다. 오랫동안 편지로만 소통하다 직접 만날 것을 생각하니 가슴이 설레었다. 통보받은 그날 오후 4시에 부산진역 대합실에서 만나자는 편지를 받고 나갔지만 정작 그 사람은 보이지 않았다. 편지가 하루 늦게 도착한 것이다. 밤까지 기다렸다는 그분의 편지가 보름 뒤에 도착했다. 전화가 없던 시절이라 마땅히 연락할 도리도 없었던 것이다.

우리의 인연은 거기까지였다. 세상에 일이 꼬이면 이렇게도 꼬일 수가 있는가 싶었다. 펜팔로 이어온 여고 시절의 사춘기 꿈을 고이 접어 반지랑 사진을 상자에 담아 두고 오랫동안 버리지 못했다. 그동안 살기 바빠서 별생각 없이 친정에 두고 왔는데 한참 후에 찾아보니 반지도 사진도 보이지 않았다. 알고 보니 남편이 갖다 버렸다고 했다. 나의 소중한 추억을 무참히 날려 버렸구나 하는 서운한 마음도 들었지만 인연이 아닌 것을 억지로 붙들려고 해서 되는 게 아니란 것을 깨달았다. 완전히 지워버리기까지 오랜 시간이 걸리지는 않았다. 그래도 미련과 아쉬움이 조금은 앙금처럼 남는다. 남녀 간의 인연이란 하늘이 정해주는 것인 것 같다. 지금 우리의 부부 연을 맺어준 것도 하늘의 뜻일 게다. 천리天理에 순종해야 할 것 같다.

제2부
추억 속에 묻다

무골호인

무너진 집터

추억 속에 묻다

아픈 손가락

우연이란 이름으로

이별의 시간

칠순 할매 난타 공연

언제나 내 곁에

고드름과 찹쌀떡

어항 속 금붕어

하얀 거짓말

무골호인

아버지는 법 없어도 사는 무골호인이었다. 젊은 시절에는 부자 소리를 들었으며 언니 오빠 두 분은 초등학생 때 고급 학용품에 부잣집 아가씨와 도련님으로 성장했다. 한때 나도 예쁜 원피스와 빨간 에나멜 구두 신고 어머니 손잡고 외출한 기억이 있다.

내가 태어난 곳은 마산 성호동이다. 우리 집은 전쟁 이후에 가세가 기울기 시작하여 부산의 변두리 땅인 영도로 옮겨 왔다. 피난민들이 자리 잡고 사는 고갈산의 따닥따닥 붙은 고지대는 거의가 판잣집 동네였다. 그러나 영도다리, 자갈치시장, 용두산공원도 한눈에 보이는 탁월한 조망을 갖추었다. 당시 오후 4시가 되면 영도다리 도개교가 올라가면서 큰 배가 지나갔고 우리는 그때마다 탄성을 지르며 구경했다.

아버지는 유행하던 비로드 직물 공장을 하셨다. 춘추 비로드가 나염되어 나오는 공장에 가 본 적도 있었고, 어머니는 예쁜 천이 나올 때마다 딸 시집갈 때 쓴다고 필로 끊어 집에 보관했다. 하지만 밀려오는 시대의 변화로 나일론 천이 나왔다. 구김살 안 가고 세탁도 편리한 가벼운 나일론 탓에 아버지가 하시던 일이 밀려났다. 버티다 못해 공장 문을 닫았고 아버지는 목숨 같은 일터를 잃어버렸던 것이다.

내가 초등학교 일 학년 겨울방학 때 모든 가세가 기울어져 엄동설한 중에 양정 고개로 이사했다. 끼닛거리가 없어서 굶어도 보았고, 양은 냄비를 들고 영도다리 부근 식당에서 담배꽁초가 들어 있는 꿀꿀이죽을 얻어오기도 했고, 희멀건 강냉이죽도 줄 서서 얻어먹으며 겨우 목숨만 부지하였다. 아버지는 이발 기계가 든 낡은 가죽가방을 들고 아침에 나가면 저녁 늦게 귀가했다. 한때는 잘 나가시던 분이 하루아침에 이발사가 되는 일은 쉽지 않은 결정이다. 그때는 몰랐지만 낯선 마을에 가서 머리를 깎아주고 알랑미쌀을 한두 됫박 들고 오셨다. 공칠 때도 많았다. 수입이 적었던지 우리는 배가 고팠지만 아버지는 한결같이 가족들 끼니를 걱정하신 책임감 있는 분이었다.

힘들 때마다 아버지와 어머니가 다투었다. 아버지는 어머니보다 십 년이나 연상이다. 그런데 야무진 어머니 목소리가 더 컸고 수굿한 아버지는 당찬 어머니를 이기지 못하였다. 싸우는 현장을 볼 때마다 힘없는 아버지가 안쓰럽기도 했지만 어머니의 악다받은 모습이 더 보기 싫었다.

두 분은 성격이 너무도 대조적이다. 어머니는 남자 일도 척척 잘하는가 하면 명석하고 깔끔한 성품이었다. 아버지는 매사에 서투르니까 실수가 잦았다. 소소한 집안일까지도 어머니께 밀리니 그때는 아버지가 무능하다고만 여겼다. 어린 생각이었지만 나중에 시집가면 남편에게 절대로 큰소리치지 않을 거라고 뼛속 깊이 각인되어 있었다. 그런 이유였는지 남편과 오십 년을 넘게 살면서 큰소리 한번 못 내고 지낸다. 속상할 때도 많지만 자식들에게 친정 부모님 같은 모양새를 보여 주기 싫었다. 하지만 남편은 내가 참고 산다는 것을 알만도 한데 아직도 할 말 아낌없이 하면서 사는 용감한 자이다.

우리가 자랄 때는 호롱불 시대였다. 단칸방에서 살다 보니 오빠들은 밤늦도록 호롱불 아래서 공부했다. 아버지는 가끔 이해가 안 되는 분이었다. 다른 집 자식들은 공부를 안 해서 걱정인데 우리 집에는 기름 닳는다며 불 끄라고 야단쳤다. 말을 안 들으면 호롱불을 마당에 패대기쳤다. 오빠들은 말없이 마당에 나가 깨어진 호롱을 주섬주섬 주워 놓았다. 내가 공부할 때도 늦게 불이 켜져 있으면 잠들 수 없다고 불을 꺼 버렸다. 시험 때가 되면 어쩔 수 없이 달빛을 등불 삼아 책을 보기도 했다. 그때 오빠들의 마음은 어땠으며 아버지의 속뜻은 무엇이었을까. 아버지는 단지 잠이 안 온다는 이유뿐이었을까. 다른 삶의 무게를 이겨내지 못해서 애먼 호롱불에 무게를 더 실었는지 알 수 없다.

고난 속에서도 훌륭하게 잘 자라준 형제들이다. 지금 같은 물질 만능주의 시대에 LED 불빛 아래서 공부하는 청춘들은 어려웠던 시절을 상상도 못 한다. 다행히 시련을 이겨내었기에 암울했던 날들을 웃으면서 이야기한다.

아버지는 각기병으로 다리가 자주 부어올랐다. 종아리를 누르면 손자국이 푹푹 들어가 원상되지 않을 정도로 심했다. 중풍으로 쓰러져서 반신불수가 되었다가 용하다는 침 한 방으로 멀쩡하게 걸어 다니기를 여러 번 반복했다. 이 모두가 지친 삶을 속으로만 삭이는 심약한 마음의 병이 아니었나 싶다.

나는 아버지가 웃는 모습을 본 기억이 별로 없다. 원래 웃음이 없으셨는지 삶이 아버지의 웃음을 앗아 갔는지 항상 팍팍한 일상이었다. 그래도 최고의 사랑이었다고 기억나는 것은 식구들이 모두 잘 때 지내콩이라고 한 손에 들어오는 작은 과자 봉지였다. 돈으로 치면 십 원도 안 되는 과자였지만 어려웠던 형편으로는 먹기 힘든 주전부리였다. 귀한 과자를 동생들 잘 때 나에게만 살며시 쥐여 주고 한마디 말도 없이 들어가셨다. 그럴 때마다 얼마나 맛있게 먹었는지 그 달짝한 맛을 잊지 못한다. 말씀은 안 하셨지만 아버지 나름대로 딸에게 베푸는 사랑의 방식이었다.

어느 날 우리 형제는 서툰 실력으로 하모니카를 불어 보겠다고 차례를 기다리고 있었다. 옆에 계시던 아버지가 하모니카를 잡더니 힘차게 베이스를 넣어가며 흘러간 옛날 노래를 유창하게 부르셨다. 우리는 아버지의 그런 모습을 한번도 본 적이 없었기에 뛰어난 재주가 있는 줄 아무도 몰랐다. 음악과는 상관없다고 생각했던 아버지가 근사하게 하모니카를 불던 실력은 상상외의 충격이었다.

아버지는 장군이 되신 큰오빠의 자랑스러움을 못 보고 쉰아홉의 짧은 나이에 우리 곁을 떠나갔다. 식구들 고생시킨 기억을 잊을 정도로 하모니카로 '메기의 추억'을 불던 실력은 우리 형제들에게 최고의 선물이었다. 세월이 흐를수록 아버지의 멋진 하모니카 선율이 그리워진다.

무너진 집터

영도 고갈산 아래 판잣집 셋방살이였다. 일곱 식구가 몸부림도 칠 수 없을 정도로 작은 방 하나에 부엌문도 없는 곳에서 살았으니 딱히 집이라기보다는 곳간이나 다름없었다. 방바닥은 돗자리가 깔려 있었고 벽은 황토 흙벽이었다. 집주인은 새벽부터 구수한 냄새가 진동하는 두부를 만들어 팔았기에 일명 두붓집이라 불렸다.

마산에서 잘 나가던 아버지의 사업을 접고 지인의 권유로 이사 온 곳이다. 내가 다섯 살 때였으니 처음에는 힘들었지만 시간이 지날수록 달동네 삶도 차츰 길들어져 불편함을 모르고 지냈다.

오빠 둘은 중학교 때 차비가 없어 초량에 있는 학교까지 한 시간 넘게 걸어 다녔다. 아직도 기억에서 지워지지 않는 것이 있다. 어느 여름날 나이가 지긋한 신사 한 분이 작은오빠 손을 잡고 어머니를 찾아와서 정중히 머리 숙여 사죄했다. 아이가 놀랐을지도 모르니 약이라도 사 먹이라고 몇 푼의 돈을 주고 가는 것을 보았다.

작은오빠는 학교에서 집까지 오는 길이 멀고 지쳐서였는지 지나가는 트럭 꽁무니에 몰래 매달려 오다가 어느 지점에서 그만 떨어졌다고 한다. 기사분이 훗날 문제가 생길까 봐 어머니를 직접 찾아온 것 같았다. 천만다행히 보기에는 신체상 별 탈이 없었다. 지금 같아서는 병원을 찾아서 검사를 받느니 뼈 사진을 찍느니 호들갑을 떨었을 것인데, 어머니는 뽀얀 국물이 우러난 북엇국을 끓여주는 것이 다였다.

우리가 살고 있던 집 바로 위에 너른 공터가 있었다. 당시는 땅임자가 지대 권리를 행사하는 경우가 그다지 없어 누구든 먼저 자리 잡으면 일단 자기 것이 되는지라 어머니는 거기다 집을 짓기 시작했다. 널찍한 곳에 네모반듯한 터를 잡고 전문적인 기본 설계도 없이 정사각형의 창문틀까지 사방으로 내고 흙벽을 쌓아 올렸다. 돌단을 깔고 황토흙에 볏짚을 잘게 썰어 넣고 이긴 진흙을 한 단씩 교대로 쌓아 올리는 방식이었다.

얼마 후 그 높이가 초등학교 가기 전의 내 키만큼 올라갔을 때 동생과 나는 그곳이 우리 집이 될 거라고 좋아하면서 집 주변을 뛰어다녔다. 중학생이었던 큰오빠 작은오빠는 어머니와 함께 맨손으로 흙을 이겨서 날이 어둑해질 때까지 집짓기 공사에 열을 올렸다. 제법 집 모양이 어우러져 가는가 싶을 때 간밤에 큰비가 쏟아부었다. 아침에 나가보니 그동안 정성껏 쌓아 올린 벽체가 그냥 와르르 무너져 내렸다. 그래도 어머니는 포기하지 않고 무너진 흙벽을 몇 번이고 다시 쌓았다.

그런데 우리 집은 좀 유별났다. 집짓기 공사에 아버지가 함께 거들어 작업하는 모습을 한 번도 본 적이 없다. 아버지는 일을 할 줄 몰라서 그러셨을까, 아예 이런 일은 당신께선 하면 안 된다고 선을 그으신 것은 아니었을까. 보통의 가정에서는 가장이 주도해서 해야 하는 모든 일을 우리 집은 어머니가 앞장서서 내주장하셨다. 어머니가 너무 앞서가서 아버지가 못하신 것인지…. 아버지가 해 놓은 일은 무엇이든 어머니 마음에 안 들었던 것이다. 생각해 보니 아버지는 당신이 하신 일을 언제나 어머니가 다시 하기 때문에 아예 일 자체에 거들지 않았는지도 모른다.

아버지가 어머니 앞에서는 항상 기를 못 펴고 사셨다. 자라면서 그런 아버지가 보기 싫었다. 보통 여느 집에서는 아버지가 큰소리치고 사는 것이 그 시절 사회 풍조인데 우리 집만큼은 예외였다. 어머니가 매사에 현명하니 아버지는 더더욱 무능해 보일 수밖에 없었다.

어머니도 유년 시절에는 외갓집에서 유복하게 잘 자랐다고 했다. 일찍 외할머니의 병수발로 장녀로서 집안일을 맡게 되었다. 그래서인지 반찬도 곧잘 하셨다. 동네에 경조사가 있어 큰상이라도 보낼라치면 꼭 어머니의 손길이 닿아야 할 만큼 음식 솜씨를 알아주었다. 배짱이 세고 통도 컸던 분이다. 어머니는 여유가 되는 날에는 자식들에게 간식거리를 양껏 먹을 수 있게 해주었다. 어렵게 살았어도 자식들 앞에서는 씩씩하고 당당했다.

전쟁 직후라서인지 먹거리가 귀해 너나없이 살기 힘들었다. 우리는 두레 밥상에 둘러앉아 어머니가 해준 음식을 맛나게 먹었다. 말린 시래기에 장어 껍질과 머리만 넣고 끓여주었던 구황식품이나 다름없는 그 추억의 찌개 맛은 지금도 잊을 수 없다. 김장철이면 배추를 많이도 장만했다. 풍요시대에 견주어 돌이켜보면 양념이 그다지 변변치 못했을 것이 분명한데도 맛 하나만큼은 일품이었다. 어머니의 음식은 다 명품이었고 별미였다. 그래서 사람들은 어릴 적 어머니의 손맛을 못 잊어 성장해서도 그때 맛을 추억하는 것이 아닌가 싶다.

가족이 살 집을 완공하려고 몇 번이나 시도해 보았지만 결국 하늘은 우리 편이 아니었다. 애써 벽체를 쌓아놓으면 번번이 비가 와서 허물기만 하니 무슨 귀신의 조화인 것 같았다. 푸닥거리라도 했어야

옳지 않나 싶을 정도로 원망스러웠다. 매사에 적극적이고 열심히던 어머니가 포기했을 때는 그 심정이 오죽했을까. 그때 무너진 집터가 아직도 눈앞에 선하다.

추억 속에 묻다

가을의 문턱인 처서가 코앞이다. 그러나 폭염은 식을 줄 모르고 한낮의 햇살은 뜨겁기만 하다. 오전 일찍 동의의료원에 입원해 있는 친구 병문안을 갔다. 오십 년도 지난 내 유년 시절을 보냈던 주변이라 사방을 휘휘 둘러보았다. 판잣집들이 모여 살던 고지대에는 고등학교가 세 개나 들어섰고 부산여자대학교가 위풍당당히 마을 입구에 떡 버티고 있다. 산동네였던 곳이 교육도시로 바뀌었다. 사람들이 겨우 비켜 다닐 정도의 좁은 길은 대로변이 되었고 힘든 일상을 보낸 우리 동네는 완전히 딴 모습으로 변하면서 옛것들은 자취도 남아 있지 않아 낯설기만 했다.

사십오 년 전, 내가 살고 있던 수영강 근처에는 비행장도 해수욕장도 있었다. 어느 날 이들은 자취도 없이 사라지고 먼지가 폴폴 나는 허허벌판으로 오랫동안 방치되었다. 강물이 썩어 악취로 눈시울을 찌푸리게 했던 곳이 지금은 맑은 강물에 숭어 떼들이 뛰놀고 유람선이 유유자적 떠다닌다. 유명 백화점들에 영화의 전당 하며 고층 아파트와 큰 건물들로 밤이면 불야성을 이루는 최첨단 도시로 변모했다.

이곳 판자촌은 흔적도 없이 사라졌지만 그 옛날 다들 힘든 삶을 꾸리던 생의 터전이다. 그래도 사람 사는 정이랄까, 인간미가 넘치는 삶이 있었음에는 틀림없다. 간밤에 어느 집에 부부싸움으로 시끄러웠다 하면 의당 날이 새면 우리 어머니께 불려 와서 잘잘못을 가리고 야단맞기가 일쑤였다. 나는 그런 어머니가 대단한 분이라 여겼다. 당신의 말에 령令이 서고 대접을 받게 된 것은 성품이 반듯하고 옳고 바른말만 한 덕택에 그만큼 신뢰가 쌓인 면도 있었다. 당시의 사람들이 대체로 순수하고 예禮를 알고 실천했던 것이다. 이웃의 시시비비를 어머니가 결판 짓다니 언감생심 지금 세상 어디서 있을 법이나 한 일인가. 층간 소음으로 참극도 일어나는 각박한 세상이 오리라 어머니 당신은 짐작도 못 하였을 것이다. 언니 동생 하며 지내던 분들이 지금은 이 세상에 없지만 내 어머니만큼이나 그리운 이들이다.

우리 집은 건넛마을에서 단칸방 신세를 겨우 면하고 옮겨온 유일한 산자락 언덕집이다. 마당은 그런대로 넓은 편이지만 방 두 개에 쪽마루가 있었고 부엌은 흙으로 듬성듬성 발라졌다. 추석날 차례를 지내던 중 루핑으로 덮인 지붕이 순식간에 날아가 하늘이 훤히 보이던 사라호 태풍의 참담한 피해도 겪었다.

부뚜막이 허물어질 때는 흙을 이겨 미장 칼로 밀고 반듯하게 다듬어 손질하는 것이 재미있어 보였다. 시멘트를 바르면 오래갈 수 있을 터인데 경제적으로나 다른 여건상 만만한 것이 못되었다. 아버지는 솜씨가 서툴러서 크고 작은 손질이 필요할 때마다 어머니가 직접 처리하는 것에 만족해하셨다.

마당 한켠에는 오빠들이 철봉을 세워 놓고 아침저녁이면 봉에 매달려 체력 단련하느라 재주를 부렸다. 그것이 멋져 보여 나도 따라 해보겠다고 맨발로 봉을 타고 매달려 보았지만 역시 철봉이란 사내가 아니어서인지 어려웠다.

우리와 가족처럼 고락을 같이한 미래라고 부르는 잘생긴 진돗개도 한 마리 있었다. 옅은 회색 털코트를 걸친 견공으로 늘씬하고 영리하기까지 했다. 막내가 학교 갔다 돌아올 때면 저 멀리서 알아보고 잽싸게 달려갔다. 막내는 책가방도 미래 목에다 걸고 말이라도 되는 양 등에 타던 모습이 한 폭의 그림 같아 가슴 시리도록 그리운 정경이 되어 버렸다. 그때는 지금처럼 반려견이란 개념이 없기는 하였지만 미래는 분명 우리들의 가족이었다.

추억 속의 부엌문은 나무문이었다. 작은오빠가 틈만 나면 문짝에 다 있는 재주 없는 재주 다 부려서 그림을 그렸다. 하루는 내가 그 문짝에 동그마니 앉아 있는가 하면 어느 때는 동생들의 초상이 옹기종기 모여 있었다. 추운 겨울날 쪽마루에 움츠리고 앉아 지루한 줄 모르고 오빠의 모델이 되어주기도 했다. 평온한 마을 풍경이 멋진 그림으로 뽐내고 있었으니 어찌 보면 볼품없던 문짝이 오빠에게는 최고의 도화지이고 캔버스였다.

작은오빠는 자상한 성격으로 동생들에게 많은 추억거리를 제공해 주었다. 크리스마스이브가 다가올 무렵이면 뒷산에서 자신의 키보다 큰 소나무를 꺾어 어깨에 메고 와 꽃밭에 세워두고 동생들과 트리를 만들었다. 눈송이를 대신해 하얀 솜 뭉치를 사이사이에 끼우고 작은 별들과 산타할아버지 등 각종 장식 그림을 그려 색칠하고 오려 달았다. 우리들의 정성이 모여 어린 내 안목으로는 세상에서 제일 멋진 크리스마스트리가 마당에 세워졌다. 낮은 대문 덕분에 트리를 마음껏 뽐낼 수 있어 이웃 아이들이 부러워하니 오빠가 자랑스럽기까지 하였다.

휴일이면 만화책을 한 아름 빌려와 방안에 던져 놓으면 우리는 독서 삼매경에 들어 끼니도 잊고 책 속에 빠진 적이 수다했다. 덕분에 형제들은 지금까지도 독서를 즐기며 그림 솜씨 또한 나를 제외하고는 준 화가급 수준이다.

공부방이라고 별도로 없어 부모님과 같이 썼으니 밤늦도록 불을 밝히지 못하게 해서 이만저만 고생이 아니었다. 오빠들이 학교 따라 서울로 가면서 공부방이 생겨 좋기는 했지만 그 이상으로 마음 한구석에 허전함이 자리 잡았다. 눈에서 멀어지면 마음도 멀어진다더니 오빠들도 바쁘니 일 년에 얼굴 몇 번 보기도 어려운 현실에 가슴 깊숙이 외로움이 쌓여갔다.

세상이 농경시대와는 달리 치열한 경쟁 속에서 살아가야 한다. 그래도 내 자식들은 자기 맡은 분야에서 인정받고 남의 입에 오르내리지 않는 것만으로 대견스럽다. 내 생각이 자식에게 미치니 나 또한 나이 든 어미가 되었구나 싶다.

친구 문병 갔다가 잠시 옛 동네를 둘러보면서 지금은 존재하지도 않는 추억 속의 판자촌을 찾았다. 깜빡 잊고 있던 어머니도 상상 속에 뵙고 동기간 우애도 떠올리며 언덕길로 내려왔다. 세월이 지나면 이곳도 초고층 아파트가 즐비할 것이 틀림없다. 옛 동네는 이제 재개발이라는 이름으로 개발 속에 묻히고, 나는 옛이야기를 추억 속에 묻어둔다.

아픈 손가락

내게는 부잣집 맏며느리처럼 후덕한 언니가 한 명 있었다. 어머니 속을 무척이나 썩였지만 그래도 나는 언니가 좋았다. 살아 있다면 팔순이 넘는다. 그 당시 자식들이 고등교육까지 받았으니 우리 집 형편도 꽤 살만했다. 더욱이 언니가 자랄 때는 집안 살림이 넉넉해서 남부럽지 않게 호의호식하며 자랐다.

그러나 전쟁으로 아버지의 사업체가 도산하면서 가세가 기울어 생활이 어려워지자 언니는 답답한 집에 있기보다는 자유로이 밖으로만 나돌았다. 어릴 때 기억에도 언니가 안 보이면 말없이 어머니는 어디론가 찾아 나섰다. 겨우 찾아서 집에 데려다 놓으면 언니는 시든 국화처럼 풀이 죽어 있다가 일주일이 멀다 하고 다시 훨훨 뛰쳐나가 버렸다.

언니는 인물도 좋고 인정도 많았다. 커다란 눈망울이 맑고 순박했으며 피부도 곱고 하얘서 누가 봐도 덕이 있어 보였다. 그런데 이웃의 친구와 함께 신식 문화에 빠져 틀에 갇힌 집을 벗어나기 시작하더니 어느덧 가출 단골이 되어버렸다. 본인도 자신을 통제할 수 없는 지경에 이른 것 같았다. 나중에 알고 보니 시내에서 버스 차장을 하고 있었다. 당시 그런 직업은 집안에서 동생들 돌보며 살림하는 것보다 선망이 되었는지 모르겠으나 내가 생각할 때는 번듯한 여고를 나온 언니에겐 하찮은 일이었다. 직업에 귀천이 없다고 하지만 그 시절 언니는 전혀 어울리지 않는 일을 아주 잘하고 다녔다.

우리가 끼니를 굶고 힘들어하고 있을 때 언니는 집과 연을 끊다시피 하고는 더욱 나타나지 않았다. 그러는 언니를 정숙한 요조숙녀로 만들어보겠다고 어머니는 번번이 시내를 뒤져 데려왔지만 그때뿐이고 계속 붙잡아둘 수가 없었다. 하지만 열 살 터울인 내가 언니를 찾아가면 반가이 맞이해 주었으며 주위 사람들에게 동생이라고 자랑도 시켜 주었다. 맛있는 것도 사 주고 과자도 손에 쥐여 주었으니 철없는 나는 그게 좋아서 언니의 직업이 뭣이든가는 상관도 안 했다.

그냥 언제나 최고의 우리 언니였다.

어머니가 장사를 하면서 조금 살만할 때 언니가 잠시 집에 와 있었다. 그때 지인분의 중매로 약혼도 하고 결혼 날짜도 정했다. 형부 될 사람은 고물상을 하면서 전답도 꽤 많은 부농가의 아들로 선하게 생긴 분이었다. 집에 올 때마다 공장에서 직접 만든 엿을 큰 도시락에 가득 담아왔다. 간식거리가 귀한 때인지라 쫀득하고 달짝한 엿이 그렇게 맛있을 수가 없었다. 그분은 언니를 정말로 좋아해서 올 때마다 먹을 것을 많이도 가져왔다. 농사지은 여름 참외도 한 자루씩 둘러메고 와서 실컷 먹게 해주니 우리는 형부될 사람이 은근히 기다려졌다.

그런데 결혼 날짜를 얼마 안 남겨두고 언니는 촌스러운 남자가 싫다며 파혼을 선언했다. 남자가 언니 마음을 돌려보려고 결혼만 하면 궂은일도 안 시킬 것이며 시골이 싫으면 도시로 나오겠다고 빌다시피 애를 쓰는 게 주위 사람들의 눈에도 애처로웠지만 무슨 말을 해도 본인이 싫다고 완강히 버티니 어쩔 수가 없었다. 보기에는 세상없이 착해 보이는데 그럴 때는 어찌 그리도 모질고 냉정한지 나로서는 이해가 되지 않았다. 결국 파혼을 하고 언니는 또 집을 떠나 오랫동안 돌아오지 않았다. 어디서 뭘 하는지 어머니도 지쳐서 더 이상 찾지 않으셨고 우리도 그 존재를 잊고 살았다.

세월이 한참 흐른 뒤 어느 날, 식구들이 아무도 없을 때 불현듯

언니가 집에 왔다. 그날 몸이 불편하셨던 아버지가 계셨다. 아버지는 언니에게 집에 좀 있으라고 당부하며 자리에 누워 물을 찾았다고 했다. 그때 병원으로 모셨어야 하는 건데 심각성을 깨닫지 못한 언니는 아버지를 두고 앞집 친구와 온종일 놀았단다. 어스름 저녁이 올 무렵 우리는 학교에서 돌아오고 어머니는 장에서 귀가해 보니 지병을 앓고 있던 아버지는 임종 직전이었다. 기다리던 언니를 만난 안도감인지 편히 눈을 감은 채 말문을 닫으시고 이틀 만에 운명을 달리하셨다.

언니는 아버지 장례를 치르자마자 다시 집을 나가버렸다. 몇 년인가 지나고 나서 경북 의성에서 결혼사진을 보내왔다. 그리고 얼마 후엔 아이 둘의 사진과 함께 편지가 왔다. 어머니는 먹을 것을 한 대야 이고 언니를 찾아갔다. 의성에서도 한참을 들어가는 시골 구석의 초라한 집에서 변변한 주방 도구도 없고 전깃불도 없이 비참하게 살고 있더라고 마음 아파하셨다. 우리와 연을 끊고 살았으면 보란 듯이 잘 살 것이지 그렇게밖에 못 산 언니의 운명도 참으로 기구했다. 어머니는 언니의 행실에 아예 질려버려서 그런지 나에겐 혹독하리만치 엄하게 대하셨다. 그리 생각하니 야박했던 어머니의 마음이 조금은 이해도 된다.

내가 결혼해서 아이 낳고 살고 있을 때 언니는 조카들을 데리고 우리 집에 자주 왔다. 옛날에 곱디곱던 모습은 어디에도 찾아볼 수가 없을 정도로 꾀죄죄한 중늙은이가 되어 나타났다. 사십 대 초반인데 허름한 차림새에 천식까지 있어 밤새도록 콜록거렸다. 손톱은 전부 무좀으로 누렇게 일그러져 몹시 흉해 보였다. 어머니가 가까이 사셔서 언니가 오면 우리 집에 들르곤 하셨지만 그때마다 남편 보기가 창피했다. 남편이 퇴근해 돌아올 시간이면 언니도 민망했던지 나와 공조하여 얼른 아이들 방에 숨었는데 나는 그 상황에도 속이 상했다.

내가 위장병으로 고생하고 있는 줄 알고 다슬기를 밤새 잡아서 두어 됫박 넘게 가져온 적도 있다. 동생 집에 오면서 빈손으로 오기가 미안하다는 말도 잊지 않았다. 청정지역에서 잡은 것이니 시중에 파는 것과는 질이 다르다고도 했다. 힘들게 구해온 것을 나는 무지하여 정성껏 먹지를 않았다. 귀한 식재료인 줄도 모르고 아이들 방에 숨겨두었다가 쏟아버린 일을 떠올리면 지금도 먹먹하다.

한번은 사과밭을 세 얻어 농사짓는 데 필요하다고 큰돈을 빌려달라며 찾아왔다. 나에겐 거금이었고 그만한 돈이 없어서 해줄 수가 없었다. 그렇게 발걸음을 되돌린 얼마 후 얼굴 한번 보지 못한 형부가 돌아가셨다고 부고가 오더니 두어 달 후 언니가 죽었다고 또 부고가 왔다. 어쩌면 이리도 기구한 운명으로 이승을 살다가 인생의 찬란한 빛을 보지 못한 채로 떠나갔을까를 생각하니 가슴이 미어진다. 장례가 치러진 뒤 막냇동생과 언니의 산소를 찾아갔다. 형부와 나란히 누워 있는 그 무덤이 모르긴 해도 산세가 좋아 보이는 게 명당자리 같았다. 박복한 운명으로 세상을 살다 등졌지만 못다 한 이승의 한을 다 풀어버리라고 또 조카들의 발복을 기도했다. 나지막한 야산 무덤가 여기저기에 초여름 들꽃들이 흐드러지게 핀 것이 젊은 날 언니의 웃음처럼 참 아름다웠다.

이제는 조카들도 반듯하게 성장하여 모두 좋은 짝 만나 아들딸 낳고 재미 나게 살고 있다. 기쁜 소식임엔 틀림없다. 그래도 항상 내 마음속 한편에는 언니가 아픈 손가락으로 남아 있다.

우연이란 이름으로

가을이면 생각나는 추억의 한 페이지가 남아 있다. 여고 시절 학교 부근에서 자취를 하던 친구가 한 명 있었다. 집이 부산에서도 동쪽 끄트머리인 기장군 서생면 골짜기의 시골이다 보니 통학길이 멀어서 자취 생활을 하다 토요일이면 집에 가곤 했다. 나는 여고생 때 키가 제법 커서 반에서 늘 뒷좌석에 앉았다. 뒤에서 한두 줄에 자리한 친구들은 앞자리 아이들보다 더 가깝게 지냈는데 그중 한 친구였다. 인물도 예쁘고 키도 훤칠하고 마음도 수수한 아이였다.

무르익은 늦가을의 어느 일요일이었다. 친구 세 명이 그 친구에게 생일 초대를 받았다. 이런 이벤트는 난생처음이었다. 요새는 초등학생만 되어도 즐기는 그 흔한 생일 파티지만 그때는 아이들을 위한 모임이란 결코 쉽지 않았던 시절이었다.

우리는 동래역에서 기차를 타고 친구가 일러준 대로 서생역에 내렸다. 풀 냄새 가득한 시골 간이역에 볼웃음을 머금고 친구가 마중 나와 있었다. 같이 간 친구 한 명이 귀한 일제 카메라를 가지고 왔다. 우린 모두가 하나같이 교복을 입었다. 당시는 그럴듯한 사복이란 게 없었고 교복을 단정하게 입는 게 곧 외출복 차림이었다. 서생역에서 친구 집까지 가는데 자그만 산을 몇 개나 넘어야 했다. 곱게 물든 단풍잎을 따서 책갈피에 끼우고 야산에 핀 연보랏빛 들국화를 꺾어 머리에 꽂았다. 신나게 뛰놀던 그야말로 가을을 흠뻑 즐기던 소풍길로 조금은 철없던 시절이었다.

야산을 몇 고개 넘었지만 원기 왕성한 소녀 시절이라 지칠 줄 모르고 장난치며 가다 보니 어느새 친구 집에 도착했다. 옴팡한 시골 기와집이었다. 싸리문 입구에는 늙은 감나무 한 그루에 붉게 익은 감이 탐스럽게 달려 있었다. 나는 자라면서 시골이라곤 가 본 적이 없어서 텃밭에 수북이 자라고 있는 파릇한 푸성귀와 수채화같이 펼쳐진 산골 풍경이 신기하기만 했다. 굴뚝엔 연기가 피어올랐고 시끌벅적한 마당에는 사람들이 제법 많았다. 친구 어머니가 우리들을 반가이 맞아 주었던 기억이 새롭다.

어머니는 전쟁 때 남편을 잃었다고 했다. 자식이라고는 친구가 유일한 유복자로 그 어머니에게는 목숨같이 귀한 딸이었다. 그래서인지 생일상도 상다리가 부러질 정도로 거나하게 차려 주셨다. 팔뚝만한 생선 종류도 많았고 해삼 닮은 군소가 뭔지도 처음으로 알았다. 나는 생일상 한번 받아 본 적이 없었기에 고명딸인 친구가 몹시 부러웠다. 한창 먹을 나이인지라 그릇을 모두 비우고는 사진도 찍으며 자연을 즐겼다. 그 순간만큼은 더 이상 아쉬운 게 없었다. 전문가 이상으로 사진 실력가인 친구가 있어서 온갖 폼을 다 잡고는 시간 가는 줄도 모르고 진한 추억을 카메라에 담았다.

졸업 후 다른 친구들은 자주 만날 수가 있었지만 주인공이었던 그 친구는 연락이 두절된 채 당최 소식을 알 수 없었다. 함께했던 친구들을 만나면 그때 이야기를 가끔씩 했다. 그러는 동안 각자 집안 살림하랴 애들 건사하랴 정신없는 가운데 세월이 흘렀다.

나는 생각지도 않은 부동산중개사 자격증을 따서 우연히 일을 시작한 것이 이십 년도 훌쩍 넘어 버렸다. 실은 애 키우고 살림하는 것밖에는 아무것도 할 줄 몰랐던 맹추였다. 오십이 넘어 큰아들을 장가보내고 작은아들은 서울로 대학을 가는 바람에 마땅히 할 일도 없었지만 갑자기 바뀌어 버린 환경 때문에 바깥일을 시작하게 된 것이다.

개업하고 몇 달이 채 되기도 전이었다. 토지 매입을 의뢰하는 손님이 있어 가까운 기장에서 부동산을 하는 친구와 같이 전매를 알선하게 되었다. 그때만 해도 실거래 신고가 공고히 되기 전이라 이 업종이 꽤 매력적이었다. 아파트와 주택을 넘어 토지까지 취급하다 보니 행동반경이 넓어져 부산과 경남을 비롯해 전국적으로 영역이 확대되었다.

울주군 서생에 시골집이 매물로 나와서 보러 갔더니 자그마한 기와집이었다. 대지가 이백 평이 넘는 마당 텃밭에는 상추가 무성하고 뒤란 장독대에는 대숲이 둘러쳐져 그 언덕배기에는 머위가 수북하게 푸른 밭을 이루고 있었다. 사람이 살고 있지 않은 빈집으로 방치되긴 하였지만 제법 구색을 갖춘 그럴듯한 집이었다. 친구와 함께 그 집을 보고 시세보다 싼 가격으로 계약하게 되었다. 얼마 후 잔금을 치르기 위해 집주인을 만나기로 했다. 사연을 알고 보니 그 집 주인이었던 어머니가 돌아가시고 하나 있는 딸이 상속을 받아 우리에게 팔게 된 것이었다.

잔금날 약속한 기장 읍내 다방에서 집주인을 만났다. 다방에 들어서던 순간 나는 깜짝 놀랐다. 그 집주인인 따님은 다름 아닌 학창 시절 산을 몇 개나 넘어 생일 파티에 초대했던 내 친구였다. 집도 알고 보니 우리가 갔던 바로 그 집이었다. 나로선 상상도 할 수 없었던 사태가 눈앞에 벌어진 것이다. 산은커녕 잘 닦여진 도로에다 집 마당까지 수월하게 차가 들어갔다. 옛날에는 그리도 먼 길이었는데 지금은 큰길에서 얼마 되지도 않은 가까운 거리였다. 동경했던 그 집을 내가 사게 될 거라고는 어디 상상이나 했을까. 추억 속의 친구를 부동산 고객으로 만날 줄이야, 세상 모를 일이었다. 무엇보다 오랜만에 만난 친구가 더 반가웠지만 친구는 내가 그토록 그리워하던 친구가 아니었다. 여태 살아오는 과정에 무슨 사연이 있었는지는 모르지만, 아니면 나라는 존재를 기억 속에서 지우고 살았는지, 깊은 속내는 덮어둔 채로 어색하게 건성으로 인사하고 헤어졌다. 그러고는 이후로 다시는 만날 수가 없다.

나는 마당도 정비하고 낡은 집을 좀 다듬었다. 몇 년을 가지고 있다가 조금 시세를 남기고 넘겨버렸다. 세상에 이런 우연도 다 있구나 싶었다. 지금 이 글을 쓰면서 아쉬운 것은 내가 느꼈던 친구에 대한 부러움과 그 소중한 생일 파티 추억을 그녀와 함께 공유할 수 없음이다. 안타까운 일이지만 어찌 보면 우연은 없는 것인지도 모른다. 불가에선 옷깃만 스쳐도 전생의 인연이라 하였거늘 이렇게 조우한 걸 두고도 어찌 잠깐의 우연이라고만 치부할 것인가. 당시의 짧은 만남도 인연의 연결 고리였다고 생각하니 섭섭했던 마음도 사그라진다. 그러고 보니 하늘이 정해 놓은 인연을 인간들은 늘 놓친다. 나 역시 무지해서 그 깊은 뜻을 모르고 하마터면 내게 온 귀한 인연들까지 우연이라는 이름으로 그냥 덮어버릴 뻔하였다.

이별의 시간

오빠가 떠났다. 미처 마음의 준비도 하지 못했는데 이리 쉽게 가실 줄은 몰랐다. 현실을 받아들이기에는 아직도 괴롭고 아프다. 너무도 사랑했던 분이었기에 나는 몸도 마음도 텅 비어버려 허물만 남은 것 같다. 오빠는 누이가 이렇게 무너지는 것을 바라지 않을 것이라는 걸 아는데도 지금의 마음은 나도 어쩔 수가 없다.

불교에선 사람이 죽으면 '돌아가셨다.'고 한다. 이 말은 사람은 태어나서 종국의 갈 길을 찾아 끊임없이 방황하다가 제 길을 찾아간다는 뜻이겠다. 이제 우리도 앞서거니 뒤서거니 하겠지만 오빠는 비로소 제 길을 향해 돌아가셨다.

며칠간의 피로가 쌓여서인지 수면제 없인 도저히 잠을 이루지 못하던 내가 어제는 초저녁부터 정신없이 늘어져 숙면에 들었다. 눈을 떠 보니 오빠가 옆에 앉아서 지그시 웃으며 날 바라보고 있는 것이었다. "잘하고 있다."고 하셨다. 그것도 자상한 미소와 함께 꿈속을 다녀간 것이었다. 영면하기 직전 혼수상태 중에서도 오빠는 내 꿈속을 그렇게 다녀가셨다. 훤칠한 키에 깨끗한 모습으로 "나하고 밥 먹으러 가자."고 하셨다. 가게들이 하나둘 문을 닫는 늦은 시간에 함께 시장바닥을 누비다가 유난히도 밝게 불이 켜져 있는 곳을 찾았다. 평소에 오빠는 싱싱한 부산 회를 즐겨 드셨다. 그날 꿈속에서도 생선회를 드시고 가셨다.

나는 서울의 오빠댁을 방문할 때면 언제나 부산의 신선한 횟감을 푸짐하게 싸가곤 했었다. 인근 회센터의 단골 횟집 아주머니는 양념과 야채를 곁들여 스티로폼 박스에 얼음을 가득 채워 정성껏 포장해 주었다. 그날 저녁은 이 회를 안주로 조촐한 와인 파티가 열린다. 평소 우리 남매는 술을 즐기는 편이었다. 오빠가 건강할 때는 둘이서 새벽까지 와인을 여섯 병 먹은 적이 있었다. 그럴 때면 으레 어려웠던 옛날이야기, 어머니 고생하신 이야기로 밤이 깊어가는 줄도 몰랐다. 기구했던 어머니의 사연이 나오면 남매는 서로 모르는 척 옷

소매로 슬쩍슬쩍 눈가를 훔치곤 했었다.

술을 못 하는 다른 식구들은 일찌감치 잠자리에 들고 오빠는 "얘야, 나는 너 오기만 기다렸다." 하시며 술잔이 비기도 전에 연신 잔을 채우고 채워주며 그냥 싱글벙글하셨다. 나는 술이 센 것도 아닌데 오빠의 기분을 맞추어 주느라 주는 대로 차곡차곡 받아 마시며 술친구가 되었다. 그런데 기분 좋아 마시는 술이다 보니 취하지도 않아 날밤을 새우다시피 하였다. 새벽에 잠깐 눈 붙이고 일어나면 오빠는 어느새 일어나서 해장이라며 야채를 갈아서 주스를 한 컵 건네주신다.

소싯적 최전방 철원에 근무할 당시 여름방학 때면 아이들을 데리고 가는 것은 물론이고 이웃의 남편 친목 계원들까지 대동하여 승용차 네 대가 줄지어 철원 행차를 나선 적이 엊그제 일만 같다. 철원의 심산유곡 청정계곡이 그렇게 좋을 수가 없었다. 시릴 듯이 시원한 계곡에 발 담그고 피서를 하니 일행 모두가 신선이 부럽지 않다며 대만족이었다. 게다가 화룡점정인 것은 계곡 언덕에 막사를 꾸미고 그 유명한 포천의 명물 이동갈비를 한 다라이씩이나 구워 주었다. 땅굴 견학도 직접 안내하며 설명해 주었으니 일행들 앞에서 누이의 체면을 세워 주느라 아낌없이 베풀어주신 덕이 크다.

최전방 근무 시절 올케언니는 아이 교육 문제로 서울에 있었고 오빠의 전방 생활 뒷바라지는 어머니 몫이었다. 오빠 식사를 챙기던 당신께서는 이 일을 즐기는 듯 행복해하셨다. 어머니는 음식 솜씨가 유별나게 좋으셨는데 오빠가 좋아하는 어리굴젓이며 알타리무김치는 빠질 수 없는 엄마표 메뉴였다. 어릴 적 그 손맛에 익숙한 오빠도 당신을 가까이 뫼시고 효도하는 기분으로 좋아하였으니, 서로가 챙겨 주던 모자지간의 정은 더없이 도타웠다.

우리가 어쩌다 한 번씩 자고 올 때면 모두들 잠든 방에 조용히 들렀다. 강원도 칼바람에 혹시라도 건강을 다칠까 염려하여 군용 담요로 머리맡에 둥글게 둘러치고선 이것도 부족했던지 요 밑에 손까지 넣어보던 자상한 분이었다. 한 나라의 참모총장 합참의장을 지낸 훌륭한 군인으로서 가족을 보살피듯 부하들도 사랑하고 아꼈으리라. 충무공 이순신께서 '가족사랑 부하사랑' 하신 그 이미지가 교차함은 내 오빠이기 때문에 나만이 느끼는 자부심이려나. 나는 개인적으로 분에 넘치도록 오빠의 사랑을 받았다는 생각이 드는데 우리 아이들도 외삼촌의 사랑을 충분히 기억하고 반추하리라 믿는다.

명절이 다가오면 형제들과 조카 그리고 조카사위들이 다 모여 넓은 마루가 그득한데다 주방은 주방대로 여자들끼리 모여서 이야기보따리를 풀어헤쳐 놓는다. 차례상을 물린 후 둘러앉아 지난날의 안부며 세상 돌아가는 얘기로 한나절 시간이 흐르는 건 다반사였다. 나는 언제나 부엌에 어울리지 않고 제상 머리에서 시간을 보냈는데 오빠는 내게도 반드시 제상에 잔 올릴 기회를 주셨다. 그 배려 또한 소중한 기억으로 남아 있다.

이 년 전부터 오빠는 술이 부쩍 줄었다. 나이 탓이려니 했었는데 그게 아니었다. 그때 진작 병원을 찾았어야 했는데 병을 키우고 있었던 것이다. 암으로 판정받았다는 소식을 듣고 나서 작년 칠월에 형제들이 다 모여 식사를 했다. 내가 서울 갈 때는 항상 승용차를 가지고 간다. 부모님 산소가 용인의 공원묘지에 있는 까닭에 차가 없으면 갈 수가 없어서였다. 그러니까 그때 식사가 오빠와 함께한 마지막 식사였다. 성묘 갈 때마다 오빠네 집에서 일박을 하고 오는데 그날은 산소 부근 호텔에서 묵고 성묘 후 시간에 맞춰 오빠네 집으로 가게 되었다. 오빠에게는 볼일이 있어 친구네 집에서 잔다고 하였더니 '여기서 자고 내일 볼일 보면 안 되겠니?'라고 간절한 문자를 보내왔다. 그날이 오빠와 함께 보낼 수 있었던 마지막 밤인 줄도 모르고 나는 하얀 거짓말을 하였으니 가슴이 시리도록 저며 온다. 미처 후회할 겨를도 없이 일주일 후 코로나 사태로 가족 모임도 가질 수 없게 되었다.

애절하고 미안하던 마음에 오빠가 좋아하던 해산물과 암 투병에 좋다는 식재료를 여기저기 수소문하여 올려보냈다. 잠시 호전반응이 있는 듯하기에 기대도 했다. 그러나 두 달 전 검사 결과를 보고 오빠의 마음이 무너져 내리는 것을 느낄 수 있었다. 주변으로부터 받은 스트레스가 죽음을 재촉한 것은 아닌지. 이제 와서 누구를 원망하고 누구를 탓할 것인가.

칠월 첫 주에 형제들이 모여서 점심을 먹고 난 후 찾아뵈었는데 우리가 온다고 방금 목욕을 마쳤다면서 깨끗하고 단아한 모습으로 응접실에 앉아 있었다. 원래 살결이 희고 고운 분이라 그날따라 유난히 광채가 나 보였다. 내가 마음에 걸렸던지 보자마자 왜 이리 말랐느냐면서 잘 먹어야 한다고 하셨다. 내가 마른 체구도 아닌데 걱정하는 오빠의 눈엔 약하게 보였던 게 아닌가 싶다.

우리가 다녀간 다음 날부터 코로나 2단계로 두 명 이상 모일 수도 없었고 오빠 또한 중환자실로 옮겨 감으로써 사실상 이때 우리들 곁을 떠난 것이었다. 중환자실로 가기 전까지 매일 전화하고 문자도 주고받았다. 그나마 지금 조금이라도 아쉬움을 달랠 수 있는 것은 폰 속에 남아 있는 녹취 내용으로 생시의 그 목소리를 들을 수 있다는 것이다. 생각해 보면 오빠는 언제나 부족하기만 한 나를 두고 잘하고 있다고 칭찬과 격려를 아끼지 않으셨다. 내 못나서 이것 밖에 아니 되었는데도 그것이 마치 당신이 뒷바라지를 못 해줘서 이리된 것인 양, 또 어릴 적에 나만 고생시켜서 미안하다고 늘 안쓰럽게 여기셨다. 그러셨던 오빠가 이제는 불귀의 객이 되어 내 곁을 영영 떠나셨다.

영면하신 뒤 코로나 위험 수위를 홍보 방송하는데도 불구하고 빈소를 찾은 조문객들은 끊임없이 줄을 이었다. 영전에 묵념하고 상주에게 어느 때 장군님을 모셨던 아무개라고 인사를 하는 등 현역 때 부하였던 분들이 대부분이었고 간혹 동기분들도 계셨다. 장례식은 육군장으로 육군참모총장 합참의장이었던 것을 감안한 최고의 예우를 다해 주셨다. 나는 오빠가 정말로 훌륭한 대한민국의 자랑스러운 장군이었던 걸 새삼 느끼면서 가시는 길이 외롭지는 않겠다고 생각하니 조금은 위안이 되었다.

인명은 재천이라 따지고 보면 이제 이별의 시간에서 돌아와 우리 남매의 영원한 헤어짐이 찾아온 것이었다. 떠난 자는 말이 없고 뒤에 남은 자는 이렇게라도 마음 말을 전할 수 있다.

'이제는 오빠도 이승의 근심 걱정을 모두 내려놓으시고 홀가분하게 훌훌 털어버리세요. 오늘도 아침 일찍 금강경 독송하며 오빠의 극락정토 왕생하시길 기도드립니다. 나도 하루빨리 기운 차리고 우리 집 가족사를 남겨 보라시던 오빠와의 약속을 지키렵니다. 시간이 얼마나 걸릴지는 몰라도 그날이 오면 책을 들고 득달같이 달려가 영전에 약속을 바치겠습니다. 그리움이 한이 되어 버린 오빠, 고이고이 영면하소서!'

칠순 할매 난타 공연

칠순이 지난 지도 몇 해가 흘렀다. 아직도 마음만은 청춘인데 내 의지와는 상관없이 세월이 종점을 향해 내달리고 있다. 몇 년 전 여고 동창회에서 합동 칠순 잔치를 가졌다.

매년 오월이 되면 연중행사로 거창하게 치러지는 동창회다. 역사가 오래되다 보니 참석 인원도 많아 대형 연회장이 차고도 남을 정도로 열의가 대단하다. 특히 환갑을 맞은 기수와 칠순과 팔순 기수는 총동창회 날이면 특별 식순에 끼워 경로잔치로 장기 자랑을 한껏 펼쳐놓기 일쑤다.

우리 기수는 다른 기수에 비해 유독 단합이 잘된다. 해마다 최다 인원이 참석하니 타 기수들의 주목을 받는 부러움을 사기도 한다. 숫자가 적은 기수는 원탁 하나도 채우기 쉽지 않은가 하면 우리처럼 다섯 테이블도 모자라는 열성파 기수도 있다. 그날만큼은 공들여 화장을 하고 의상도 나름대로 최고로 차려입고 제법 이름 있는 핸드백도 들고서 굽 있는 구두까지 신고 어깨에 힘이 잔뜩 들어간다. 사는 형편도 각각이다. 마치 타임머신을 타고 현실의 나이를 잊은 채 청춘의 여고생으로 돌아간 듯 옛날이야기로 수다가 넘쳐흐른다. 이 맛에 동창회에 오는가 싶다.

수년 전, 우리 기수는 다음 해의 칠순 잔치 때 보여 줄 장기 자랑거리를 찾다가 난타 공연이라는 주제에 의견 일치를 보았다. 인원은 스무 명 정도 필요했다. 일찍이 아침마당에도 출연한 적 있는 '나르샤 난타 학원'을 찾아 첫 연습에 들어갔다. 처음이라 생소했지만 큰 북을 앞에 놓고 양손에 박달나무 북채를 들어 인사부터 '딱딱 따다닥' 하고 치니 이것만으로도 흥이 났다.

매주 하루 두 시간씩 바짝 연습에 들어갔다. 난타 공부도 중요하지만 늙다리 친구들을 만나 얼굴 보며 수다 떠는 재미도 쏠쏠하다. 무슨 할 말이 그리도 많은지 시골 장터처럼 시끌벅적하다. 미리 와서 커피를 내리는 해바라기처럼 웃음 머금은 총무님은 물론이고 번

갈아 가며 준비하는 간식거리도 빠질 날이 없다. 월말이 아니어도 어떤 빌미를 만들어 회식도 마다하지 않으니 이보다 더 좋을 수 있을까. 친구들 중에는 그 옛날 개성이 유별났던 깐깐한 이들도 더러 있다. 하지만 나이 들고 주름 잡히고 보니 예전 계급장일랑 떼어버리고 격의 없이 친숙해졌다. 이제는 우리 사이 일등 덕목은 타인에게 잘 베푸는 친구가 최고로 돋보이는 판세가 되었다.

신나는 트로트 곡을 선정해 칠판에 빼곡히 악보를 적어 두고 박자를 맞추어 연습에 매진했다. 언제나 함박웃음을 머금고 열성을 다해 가르치는 야무진 여선생님이 늦깎이 할머니들의 지도자이다. 처음에는 악보 보는 자체도 난관이었다. 음표를 익히고 박자를 세느라 은발의 학생들은 우왕좌왕하며 한동안 헤매었지만 생각보다 잘 따라 했다. 학창 시절 상위 클래스에 속해서인지 세월은 흘렀지만 모두 습득력이 빨랐다. 더듬거리던 중에 한 곡이 완성되었다. 학습 능력만큼은 꽤나 빠른 것이 옛날이나 진배없었다. 스무 명이 박자를 맞추어 동시에 두드리니 소리도 웅장했다. 간혹 엇박자가 양념처럼 튀어나오기는 했어도 신명만큼은 최고조였다. 한 곡을 완성하고 나니 자신감도 붙었다. 집에서는 베개나 플라스틱 대야를 두고 두들기며 예습 복습에 매진했다. 늦게 배운 도둑이 밤새는 줄 모른다고 서너 곡을 연달아 연습에 몰두했다. 수업에 대한 재미도 배가 되고 있는 힘을 다해 두들기니 묵은 스트레스도 사라졌다.

맹연습 석 달 만에 'KBS 장애인 문화행사'에 최고령 할머니 팀으로 공연하는 영광까지 얻게 되었다. 칠순 할매들의 자신감은 어디서 나오는지 당당했다. 몸에 딱 붙는 무대복을 입으니 늘어진 배들이 볼록볼록 나왔지만 그런 것은 전혀 중요하지 않았다. 이 나이에 방송 무대에 서다니 즐거움과 호기심 그 자체였다. 무대 화장을 마치고 한껏 멋을 부려 사진 촬영을 했다. 육신은 칠순이라도 마음만큼은 옛날 여고 시절에 머물렀다. 칠순 학생들의 재롱이 가관이다.

첫 무대에 올랐다. 사회자의 소개 멘트가 재미있다. "다음 출연자는 세계 최고령 그룹 칠순 할머니 팀입니다. 이 연세에도 젊은이 못지않은 패기와 용기를 가지고 난타 공연을 거뜬히 해낼 수 있는 부산의 자랑입니다."라고 그야말로 자랑 아닌 자랑을 늘어놓았다. 소개야 어찌 되었든 화려한 조명 아래 서니 분칠한 얼굴이 조금은 젊어 보였다. 음악에 맞추어 신명 나게 두드렸다. 할매들 실력이 꽤 들을 만은 했는지 객석의 요란한 박수갈채를 받았다. 나중에 동영상을 살펴보니 틀린 곳이 없진 않았다. 그래도 선생님은 엄지척을 내보이며 격려를 아끼지 않았다.

기다렸던 총동창회 날이었다. 식순에 의거하여 우리 기수 차례가 되자 난타 장기를 앞세워 무대에 올랐다. 방송 출연도 경험했겠다, 이 정도쯤이야. 음악에 따라 그동안 갈고닦은 솜씨를 마음껏 뽐내었다. 북소리 장단에 자리에서 일어나 춤추는 선배님들이 한둘 보이기 시작했다. 좀 부족한 부분이야 없진 않았지만 연회장 분위기만큼은 후끈 달아올랐다. 우리는 우렁찬 박수 소리에 크게 만족하며 한껏 들떠 있었다. 모두들 난타 공연에 심취해 나이를 잊고 학창 시절로 돌아갔다. 공연은 더없이 행복했던 순간으로 기억 속에 자리 잡으며 선배님으로부터 귀한 금일봉도 받았다.

행사가 끝난 뒤에도 흥이 가시지 않아 난타 연습을 계속하자는 친구들이 많았다. 바쁜 친구는 더러 빠지고 기수에 상관없이 선후배들이 합세해서 난타 공부를 이어갔다. 팔순인 선배 한 분은 열정이 대단하여 아예 나이를 잊어버린 것 같았다. 처음 배울 때는 악보도 제대로 볼 줄 몰라 쩔쩔맸는데 몇 곡을 연습하고 나니 난이도가 높은 곡도 거뜬히 소화해 낼 정도가 되었다. 일취월장이다.

우리는 지역의 각종 문화행사가 있을 때마다 무대에 올랐다. 그럴 때마다 사회자 인사말에 '실버팀의 팔순 학생들'이라고 노익장을 자랑삼아 소개하는 바람에 후배들도 한꺼번에 싸잡아 모두가 팔순이 되어 버린다. 그러나 어떤 말을 듣던 누구 하나 싫어하는 기색 없이 육순 칠순이 도매금으로 팔순이야 되건 말건 즐겁기만 했다.

크리스마스이브가 되면 시내 광복동거리와 비프광장에는 골목마다 화려한 장식과 공연으로 볼거리가 넘친다. 중앙에는 조촐한 무대가 설치되어 젊은이의 공연을 필두로 연말 행사가 시작된다. 삼 년 전에도 우리 할매팀은 국태민안國泰民安을 기원하면서 난타 공연으로 한몫 거들었다. 사회자가 실버팀 할매들의 대단한 공연을 기대하시라고 거창하게 소개해 올렸다. 무대 앞 구경꾼들 사이에는 시작도 하기 전에 기립박수를 보냈다. 십이월의 칼바람 속에 얇은 공연복 차림으로 무대에 올라 신나는 트로트 곡에 맞추어 북을 두드렸다. 뜨겁게 한판 놀다 보면 쏟아지는 환호성에 추위는 아랑곳할 틈도 없다. 공연은 대성공이었다.

그러나 최근 두 해가 넘도록 공연은 고사하고 연습장조차 가지 못했다. 초대받지 않은 손님 코로나가 전 세계를 강타하였기 때문이다. 우리 할매들 뿐만 아니라 사회 전체가 우울한 가운데 두더지처럼 집에만 갇혀 바깥출입도 마음대로 할 수 없으니 북소리도 들을 수 없었다.

다행히 코로나 사태가 종식되어 이전의 사람 사는 세상으로 돌아왔다. 자유로운 생활은 나만의 소망은 아닐 것이다. 다시 난타도 시작되고 공연도 하며 방송도 탔다. 사람들은 가지고 누릴 때는 고마움을 느끼지 못한다. 코로나를 만나서야 비로소 자유로운 세상에 대한 그리움에 몸살을 앓았다.

이제는 악보 없이 음악을 몇 번만 들으면 따라 할 만큼 실력도 늘었다. 칠순에 난타라, 오늘도 북채를 들고 흠씬 두들겨 패며 커다란 북으로 자신의 몸을 불사른다. 어둠을 밝히는 촛불의 속성을 닮아가고 있다.

바람을 타고 북소리 번져 간다.

언제나 내 곁에

간밤에 천둥 번개까지 동반한 세찬 비가 그쳤다. 아침 하늘은 더욱 청명하고 산뜻하여 풀잎 냄새마저 싱그럽다. 오늘은 가을이 시작된다는 입추이다. 절기상 가을 문턱에 들어섰다고는 하지만 불볕더위는 여전히 기승을 부린다. 한낮의 뙤약볕이 살이 아릴 정도로 뜨겁다. 수년 동안 땅속에서 세상 구경을 준비하다가 고작 보름 남짓밖에 살지 못한다는 매미 떼들의 합창 소리가 귀청 따갑게 왁자하니 깊은 숲속을 연상케 한다.

그토록 아쉽고 그리운 큰오빠의 첫 기일이다. 작년 마지막 가시는 날 망자를 위해 재齋를 지냈던 양산의 성전암에 들렀다. 규모는 작은 듯하지만 일주문을 겸한 종루를 지나면 섬세한 대웅전이 보인다. 아기자기한 사찰을 들어서면 언제나 편안해진다. 스님께 오빠의 영가 축원을 부탁드렸다. 영전에 놓인 사진과 마주했다. 지금껏 다스려 왔던 평온은 깨어지고 사무친 그리움과 회한이 가슴 깊은 곳에서 울컥 솟아올랐다. 마음을 진정시켜 스님의 염불 소리에 맞추어 합장하고 기도에 동참할 수 있었다.

벌써 일 년이 지났다. 당시엔 도무지 감내할 수 없을 듯했지만 나도 모르게 차츰차츰 그날의 기억이 사라져 간다. 일상생활을 잘 지내온 것이 가신 분께 미안하다는 생각도 든다. 망각은 신이 주신 최고의 선물이라고 한다. 만약 인간이 한세상을 살면서 겪은 일을 죄다 기억하고 곱씹으며 살아간다면 과거에 얽매여 살 수 없을 것이 분명하다. 망각이 당연하다 싶은데도 한편으로는 허망하다는 생각도 든다. 더군다나 세월의 흐름에 따라 그 슬픔이 희미해져 간다는 것이 망자에 대한 예의가 아닌 것 같기도 하다. 세월이 약이라는 말처럼 현실은 그렇게 되어 간다.

오빠의 기일을 며칠 앞두고 여태 한 번도 보이지 않던 분이 며칠째 꿈속에서 어머니와 함께 나타나셨다. 노란 레몬 스킨을 두 손 가득 넘칠 정도로 부어주며 엷은 미소를 지으셨다. "너무 많습니다."

하는 나의 말에 앞에서 어머니가 인자한 얼굴로 "그냥 받아 두어라." 하셨다. 너무도 생생한 꿈이어서 한동안 멍하니 생각에 잠겨 있었다. 모르긴 해도 좋은 선물인 것 같아 기분은 상쾌했다.

그날 이후로 어려운 일들이 조금씩 풀리는 것이다. 마음속으로 '고맙습니다, 잊지 않을게요.'라고 인사하며 부디 좋은 곳에서 편안히 영면에 드시라고 기도 올렸다. 나에게 무언가를 암시하는 것 같아서 백중기도에 영가 천도재를 올리고 기일 축원도 함께 올렸다. 마음이 한결 가벼워졌다. 이번에는 부득불 혼자 갔지만 날씨가 조금 서늘해지면 형제들을 만나서 현충원에 계신 오빠를 찾아뵙기로 했다. 첫 기일인 만큼 예전처럼 형제들이 큰집에 모여서 술잔이라도 올리는 것이 마땅할 터인데, 어쩌다 보니 다들 큰집과 소원해져 버렸다. 이것이 나에게는 오빠가 이 세상에 안 계신 만큼이나 가슴 아픈 일이 되어버렸다.

기도가 끝나고 스님을 친견했다. 자주 찾아뵙지 못해 마음이 송구스러웠지만 스님께서는 언제나 친절히 맞아 주신다. 법당의 여러 영가 사진 중에 유난히 빛나는 오빠의 모습이었다. 영전에는 작년 막재에 올렸던 꽃이 양옆에 정갈하게 놓여 있어 바라보는 심정도 한층 숙연해졌다. 스님이 "작년에 이쁜 꽃을 올려 주어서 잘 두고 있습니다."라고 인사를 하셨다. 오빠의 사진도 조화도 눈에 띄게 진열해 주어서 고마움이 이를 데 없다.

스님을 친견하면 가슴에 와닿는 말씀을 생활 법문으로 들려주신다. 중생이 살아가는 위로의 따뜻한 한마디에 온갖 번뇌를 지워버린 듯 머리가 숙여진다. 오늘 스님께서는 직접 그린 그림과 새겨둘 좋은 글귀가 담긴 친필의 족자도 챙겨 주셨다.

한결 밝고 가벼워진 걸음으로 법당을 나서니 푸른 하늘에 솜털 같은 구름이 빙긋 웃는 오빠의 얼굴을 보여 줄 듯이 피어올랐다. 눈인사로 답례했다. 곳곳에 계절을 알리는 가을꽃들이 만개하였는데 길가의 잔디는 아직 여름을 안고 초록빛이 진하다. 따가운 햇살 속에서도 간밤의 비 덕분에 고개를 바짝 들고 싱싱함을 자랑한다.

오늘도 속세의 고달팠던 짐을 사찰에 잠시 내려놓고 가볍게 돌아왔다. 세상사 모든 것이 내 마음먹기에 달렸다고 한다. 나의 마음이 부처면 그곳이 곧 불당이라고 열반하신 법정 스님도 그리 말씀하셨다. 오빠가 왜 며칠간이나 꿈속에서 나를 보러 오셨는지 궁금했다. 법당의 영정을 뵙고 나니 근자의 어지러웠던 생각들이 좋은 기운을 받아서인지 안정이 되었다. 나를 위하시는 마음은 생전이나 사후나 다름이 없다는 것을 깨우친다. 오빠는 언제나 내 곁에 계신 것이다.

고드름과 찹쌀떡

간판 위에서부터 바닥까지 늘어졌다. 길게 얼어붙은 고드름이 깊은 계곡을 연상케 한다. 간밤의 한파로 삼층에서 수도관이 터져 흘러내린 물이 허공을 타고 물길 그대로 얼어버렸다. 손을 댈 수가 없다. 소방서에서 몇 사람이 나왔다. 방법이 없다며 날씨가 풀릴 때까지 기다려야 한다고 했다. 주변에 방패막을 치고 바닥에는 모래를 뿌려 지나는 행인들에게 피해가 가지 않도록 임시방편을 해 두었다.

사무실 앞은 유동 인구가 많다. 허옇게 핀 고드름 기둥이 사람들의 구경거리가 되어 다들 한마디씩 하고 지나간다. 친한 이웃분들은 안으로 들어와 재미난 이야깃거리를 만든다. 고드름 덕에 운치 있는 시골 어느 계곡에서부터 깊은 산골 겨울 풍경 이야기로 수다를 떨며 한나절을 보냈다.

오후가 되어 기온이 내려가니 얼음은 더욱 단단해졌다. 퇴근 시간이 가까워져 올 무렵, 저 멀리서 "찹쌀떡, 망개떡~"을 외치는 참으로 오랜만에 들어보는 향수 어린 소리가 고드름 사이로 들려왔다.

어린 시절 내가 살던 곳은 전기도 들어오지 않아 해가 지면 어둑발이 빨리 찾아오는가 싶으면 이내 깜깜한 밤이 온다. 겨울밤이 깊어지는 시간이면 귀에 익은 "찹쌀떡~" 하는 길게 빼는 목청 좋은 소리가 저 멀리서 점점 가까워진다. 목구멍에서는 벌써 군침이 돈다. 매일 밤마다 정겨운 음성이 들려왔지만 한번도 먹어본 적 없는 찹쌀떡이다. 그러니 어떤 맛인지 정확히 알 수 없었다. 아주 쫀득하고 달콤할 거라는 생각만 하고 내다 본 그때의 골목길 담벼락에도 허연 고드름이 엿가락처럼 달려 있었다. 깨물면 뽀드득하는 소리와 함께 사이다보다 더 시원한 추억의 맛을 떠올려본다.

며칠 전에도 친숙한 외침이 멀리서 들려왔다. 어쩌면 지난날 분위기와 저리도 똑같을까 싶어 놀라웠다. 엄동설한에 저 고생을 하는 사람을 생각하며 만나 보고 싶었다. 잔뜩 기대하며 기다렸지만 소리의 주인공은 좀처럼 가까이 오지 않았다. 기다리다 못해 퇴근 시간 전에 운동하러 나갔다.

아파트를 몇 바퀴 돌고 오는 중에 단지 중간에서 소리치며 서 있는 찹쌀떡 장수를 만났다. 유난히 추운 날씨인데도 흔하디흔한 패딩도 아닌 얇은 얼룩무늬 교련복에 교모를 쓴 키가 크고 준수하게 생긴 남학생이었다. 반가운 마음에 달려갔지만 지갑을 갖고 있지 않아 그냥 돌아왔다. 아쉬움에 급히 돈을 챙겨 뛰어나갔으나 그사이 학생은 너무 멀리 가버렸다. 돌아오면서 사무실로 데려왔으면 되었을 것을 그땐 왜 생각을 못 했을까, 둔한 머리통을 쥐어박았다. 안타까움을 뒤로하고 그가 다시 오기를 기대했다. 꼭 와 주었으면 했다. 만약 오기만 하면 찬바람에 고생하는 학생에게 떨이라도 해주어야겠다고 마음먹고 있었다.

다음 날도 혹시나 해서 퇴근 시간을 늦추어 기다려 보았지만 허사였다. 집으로 돌아가면서도 자꾸만 뒤돌아보았다. 이러다가 영영 추억의 찹쌀떡을 못 먹어보는 것은 아닌가 싶기도 했다. 요즈음 같은 인터넷 세상에 두드리기만 하면 명품 찹쌀떡 전문집도 많다. 하지만 옛날 향수와 함께 그때 맛을 꼭 느껴보고 싶었다.

며칠이 지났다. 드디어 오늘, 고드름과 함께 다시 찹쌀떡 장수를 만났지만 기다리던 학생은 아니었다. 반가우면서도 아쉬움이 드는 것을 보니 내심으론 그날 만난 학생을 기다렸던 것이다. 누구면 어떠

랴, 양이 좀 많긴 하지만 내일 손님들과 옛말하며 나눠 먹으면 될 것 같아서 사무실로 데려와 떨이를 해주었다. 고맙다고 연신 고개를 조아리니 내가 더 민망했다. 떡 본 김에 망개떡도 같이 구입하였다.

세상이 좋아져서 맛있는 것에 익숙해진 탓인지 내 입맛이 간사하게 변한 것인지 기대했던 만큼 상상했던 맛을 느낄 수 없었다. 기다리던 학생이 아니어서 어딘가 모르게 아쉬움도 남았다. 그래도 추억의 찹쌀떡에 대한 궁금증은 풀렸으니 소원은 이루어졌다.

맛이란 지금의 혀끝에서 느끼는 입맛이 전부가 아니다. 그때 내가 처한 시대적 상황이 조미료의 일부로 첨가되어야만, 진정 내가 느끼고자 하는 그 맛일 수 있겠다. 혀끝에 당장 달콤함이 배어들지 않더라도 한입 머금는 순간, 추억들이 밀려온다면 그것으로도 족하다. 오늘의 찹찰떡에 고드름 배경이 펼쳐지는 것처럼.

어항 속 금붕어

출근하니 어항에 금붕어 한 마리가 누워 있다. 어제 퇴근할 때 눈 맞추며 인사했는데 건드려 보았더니 미동이 없다. 몇 년을 아침마다 온몸을 흔들며 반겨주었건만 이젠 수명이 다 되어서였을까. 새끼들은 쪼르르 몰려와서 주인을 알아보는 듯 앞다투어 입을 벌리고 꼬리를 흔들며 아는 척한다. 큰놈 두 마리 중 사 년 전에 한 마리가 죽었다.

금붕어가 죽는 날 불길한 일이 있었다. 그때 생각이 나서 조그만

상자에 담아 아파트 상가 주변 화단에 정성 들여 묻어 주었다. 극락왕생하라고 애도의 표를 했다. 그날처럼 끔찍한 일이 일어나지 않기를 마음 졸이며 오늘도 전셋집을 찾는 손님을 모시고 안내를 했다. 오래되긴 하였지만 이 집은 사연이 있는 집이라 갈 때마다 신경이 쓰였다. 거래가가 좀 싼 편이긴 했어도 그 당시의 시세만큼은 받고 팔았다.

무더운 여름철이었다. 젊은 여대생이 집을 내어놓고자 찾아왔다. 반바지와 반소매 차림으로 스포츠 모자를 쓰고 가방을 멘 채로 사무실로 들어왔다. 약간 통통하고 살이 좀 있어 보이면서 호감이 가는 정겨운 얼굴이었다.

등기부 등본을 확인하니 의외로 근저당 설정이 많이 잡혀 있었다. 사채까지 있어서 매매를 해도 딱히 남는 돈은 별로 없었다. 학생과 친해지고 난 뒤에 왜 이렇게 사채까지 쓰게 되었고, 이자는 어찌 감당하느냐고 물어보았다. 본인이 수학 과외를 하는데 월 사백만 원 이상은 수입이 된다고 했다.

어릴 때부터 어머니와 단둘이 사는데 어머니 건강이 오래전부터 많이 나빠져 혈액 투석을 하는데 비용이 만만찮다고 했다. 그래서 대학도 자신이 원했던 학교에 진학하지 못했다고 한다. 딱한 사정을 듣고 보니 안쓰럽기까지 했다. 한 달이나 남은 잔금 때까지 매일이다시피 사무실에 들러 속사정을 털어놓았다. 그러다 보니 서로가 정이

들었다.

잔금을 받을 무렵에는 사채가 더 많이 불어나 집을 정리해도 남는 돈은 고작 삼백만 원 정도였다. 그리고 이 매매는 학생이 살던 집에 월세로 계속 산다는 조건으로 새 주인과 이루어진 계약이었다. 보증금 삼백만 원에 월 팔십만 원으로 정하고 시작하였다. 두 달이 지나 선 보증금 중 백만 원을 돌려받고 그 대신 월세를 더 올려 주기로 약정하여 또 두 달이 지났다.

어느 날 월세 낼 돈이 부족하니 부족한 만큼 집주인의 중학생 아들에게 수학 과외를 해주겠다고 제의를 했다. 다른 곳에서 수업을 받느니 학생의 실력에 대해 소문으로 들은 것도 있고 하여 그렇게 하기로 서로 합의했다. 또 두 달이 지나고 집주인으로부터 전화가 걸려 왔다. 과외도 안 오고 전화도 받지 않는다고 하였다. 그 집은 바로 우리 집 뒷단지라 발코니에서 보면 잘 보였다. 일주일 밤을 자정이 넘도록 지켜보았지만 불이 깜깜히 꺼져 있었다. 하루는 오후 두 시경 주인께 연락하여 같이 집에 가 보기로 했다.

그날 아침에 사무실에서 키우던 금붕어 한 마리가 죽었다. 불길한 예감이 갑자기 뇌리를 스쳐 갔다. 다리가 후들거렸다. 초인종을 눌러도 인기척이 없어 둘이서 집 앞 계단에 쭈그리고 앉아 경찰에 도움을 요청했다. 남의 집 문을 함부로 열면 안 된다고 해서 경찰관 입회 후에 열쇠 전문가를 불러 문을 따고 들어가기로 했다. 경찰들이 먼저 들어갔다가 나오더니 우리를 못 들어가게 제지했다. 모녀가 착화탄을 피워 동반 자살한 것이 일주일도 더 된다고 짐작했다. 집주인은 마음이 여린 젊은 여성인데 경찰관 얘기를 듣고 얼굴이 백지장처럼 하얗게 변했다. 쓰러질 듯한 것을 겨우 부축하여 내려왔다. 사체는 경찰이라도 가족이 확인하기 전에는 함부로 옮길 수 없다며 이틀 밤을 기다렸다.

사고 전에 학생이 나에게 전화번호 하나를 준 것이 있었다. 만약에 자신에게 연락이 닿지 않으면 이 번호로 연락하라는 것이었다. 그때는 전혀 예상하지 못했다. 막상 일을 당하고 나니 왜 진작 눈치를 못 챘을까 자책도 해보았다. 받은 전화번호로 연락하니 상대는 남자친구였다. 그를 통해 헤어져 사는 학생의 아버지에게 연락이 닿아 겨우 사태는 수습이 되었다. 다음날 신문에도 보도되고 학생이 남긴 유서에는 '부동산 소장님 죄송합니다'라는 인사말 한마디가 있었다는 말을 듣고 마음이 그리 아플 수가 없었다.

집주인은 사건이 마무리되고 나서 집을 올 수리하여 다시 전세를 놓았다. 나는 학생이 마지막 숨을 거둔 방에 금강경 카세트를 몇 날 며칠을 틀어 두고 극락왕생을 빌었다. 얼마나 절박했으면 그런 선택을 했을까. 한동안 학생이 눈에 밟혔다. 학생의 삶이 좁은 어항 속 금붕어의 삶과 다르지 않았을 터. 조금만 더 참고 견뎠더라면 싶은 마음에 어린 딸에게 감당하기 어려운 짐을 지게 한 학생의 어머니가 약속하기도 했다. 얄궂은 운명 앞에 구만리 같은 청춘이 애석하기 짝이 없었다.

아픈 상처를 제대로 녹여주지 못한 것이 아쉽다. 시간이 오래 지났는데도 계속 그때 그 집이 바라보이고 학생의 순한 얼굴이 잊혀지지 않는다. 짧은 인연이나마 정이 들었던 것 같다. 부디 저세상에서는 어머니도 아프지 말고 학생도 이승의 미련일랑 떨쳐버리고 편하기를 빈다. 어항 속 금붕어의 죽음도 함께 애도한다.

하얀 거짓말

오미크론 환자가 급속히 늘어나면서 남편은 즐겨하던 운동을 못 나간다. 그는 사십 대 초반부터 테니스를 즐겼다. 골프 또한 좋아하는 스포츠라 해외 원정도 자주 다녔다. 매일 걷기 운동도 빠트리지 않고 자기 관리를 철저히 한다. 가끔은 나와 함께 걷기를 원하지만 내가 귀찮아서 옛날만큼 보조를 맞추지 못한다. 그런데 나이가 들어가니 테니스는 무리가 오는지 얼마 전에 그만두었다.

남편은 육십 대에 외환 위기를 겪으면서 사업을 접고 이십 년 넘게 자유로운 생활을 즐긴다. 다행히도 내가 일을 하고 있으니 생활에는 큰 지장 없이 살아간다. 젊어서는 크게 부자는 아니었어도 남들 하는 만큼은 하면서 처자식 고생은 시키지 않았다. 그러고 보니 가장으로서 자기 몫은 다한 것 같다.

나는 팔 남매의 맏며느리로 살아오면서 시어머니와의 고부 갈등도 없이 그럭저럭 무리 없이 지냈다. 자랄 때 친정어머니께 호된 예비 시집살이를 겪어서인지 정작 시집와서는 맏며느리의 역할이 그다지 어렵지 않았다. 어머님은 언제나 나를 곱게 봐주셨다. 친정어머니는 오빠들이 챙겨 주셔서 내가 딱히 신경 써 드릴 것이 없었다. 대신 시어머니께 하나라도 더 챙기며 정성을 다했다.

아버님은 일찍부터 부산에서 직장 생활을 하였고 어머님은 오랫동안 시골에서 자식들과 함께 농사를 지었다. 수확철이 지나면 당신께서는 무거운 농작물들을 이고 들고 남편과 자식들 먹이려고 잔뜩 싸 가지고 오셨다.

세월이 흘러 동생들 모두 출가시키고 어머님은 시골집을 정리하여 부산으로 옮겼다. 우리와 큰길 하나 사이에 집을 마련하여 아버님과 함께 살게 되었다. 집이 가까우니 자연히 자주 왕래하였다. 그런데 들를 때마다 시댁에는 낯선 여자분이 있었다. 어머니와 함께 잠도 자고 식사도 같이하는 꽤 다정한 사이였다. 별다른 소개도 없었으니 그런가 보다 했다.

가을이면 여자분이 단감도 박스로 가져왔다. 나중에 알고 보니 그분은 놀랍게도 아버님의 여자친구였다. 아버님은 당신 식구들을 끔찍이 위하는 분으로, 밖에 나가서도 여러 사람 사이에서 인기가 높으셨다. 사교성이 좋아서 복지회관 노인대학에서 회장직을 몇 번이나 연임할 정도로 언변이 좋고 리더십도 뛰어났다. 그러다 보니 할머니들이 아버님을 좋아했다. 그래도 어머님은 너그럽게 이해하고 받아 주었으며 또 집까지 찾아와도 대수로이 생각지 않고 아주 편하게 지냈다.

남편도 아버님을 많이 닮은 것 같다. 식구들을 챙기면서 밖에서도 아버님처럼 인기가 많았다. 나를 너무 만만하게 여겼는지 아니면 어머님같이 편하게 생각한 건지도 모르겠다. 남편과 친하게 지내는 여성분을 우연히 만났지만 이상하게 미움은 없었다. 세상에 친구가 꼭 동성이어야 한다는 법은 없지 않은가, 나는 그럴 수도 있겠지 했다. 남편 역시 아무런 설명이나 변명도 없이 그냥 지나갔다. 퇴근하고 들어가면 밖에 있었던 그 친구분 이야기를 거침없이 하기에 나도 무덤덤하게 받아 주며 때로는 스스럼없이 상담도 해주었다.

그러나 내가 관대하게 넘기다 보니 남편을 방조한 공범은 아닌가 싶어 은근히 자책도 해보았다. 다행히 태풍은 불지 않았다. 불과 얼마 전 일인데 서로가 이에 대해 묻지도 따지지도 않았다. 늘그막에 스치는 잔바람이려니 생각한다. 이젠 세월을 막을 수 없는지 귀도 멀고 눈도 퀭하고 이런저런 잔병치레를 자주 한다. 그래도 왈칵하는 성질 하나는 아직도 기세등등하다. 그럴 때는 옛일을 들추어 기운을 꺾을 만도 한데 굳이 그러고 싶지는 않다. 지난 일로 어렵게 생각하지 않는 게 나의 생활신조이다. 젊었을 때부터 큰일도 문제 삼지 않았다. 그래야 내가 쉽게 살 수 있다는 것을 일찍 깨달았다. 지금 와서 남편에게 특별히 바라는 것은 없다. 나이 들어가면서 건강하고 무탈하게 지냈으면 하는 소박한 바람이다.

우리 집이야 나 하나만 눈감아 주면 그만이긴 하지만 시어른들의 경우는 달랐다. 어머님께서 팔순이 넘어 갑자기 뇌경색으로 쓰러져 몇 달의 시한부 선고를 받았다. 정신이 흐려져 평소에 그리도 너그러우셨던 성품과는 달리 숨겨진 본심이 발동했는지 아버님을 못 살게 들볶으셨다. 한시도 옆을 못 뜨게 하고 곁에 없으면 그때의 여자분을 기억하고 힘들어하니 너무도 안타까웠다. 어느 날 나도 모르게 "어머님, 그분 돌아가셨어요." 했다. 그랬더니 주름진 얼굴이 고요해졌다. 선의의 거짓말 한마디로 어머님은 떠나실 때까지 더는 불편함을 보이지 않고 편히 누워 있다 가셨다.

어머님은 돌아가시기 전 몇 달 동안 평소와는 달리 얼굴이 고우셨다. 미음으로 연명하다 보니 부기가 빠져서인지 검버섯도 깔끔히 없어지고 자그마한 얼굴로 옛날 젊었을 때 모습이 돋아났다. 특히 임종 때의 순하고 고운 흔적은 지워지지 않는다. 나는 가끔 이런 생각을 해 본다. 나의 마지막에도 고통과 번민이 모두 지워진 시어머니 처럼 맑고 평온했으면 좋겠다고….

제3부
소설 같은 이야기

멋쟁이 작은오빠

풍요 속에 빈곤이라 한다. 풍요로움에 젖어 가난했던 시절을 잊고 있을 때 티브이 방송에서 아프리카 오지의 열악한 현장에서 후원자를 애타게 찾고 있었다. 현지에서 열성을 다하는 봉사자들이 있는가 하면 아예 부정하는 사람들도 많다. 십 년도 전에 어쩌다 월드비전 후원자가 되어 두 명의 아동을 돕고 있다.

어린 시절 저들과 다름없이 끼니 굶기를 밥 먹듯이 한 참담한 시대상을 겪었다. 그래도 친정 집안의 자랑거리인 귀중한 오빠 두 분이 있었기에 가난의 흔적을 지우고 산다. 아쉽게도 큰오빠는 이 년 전 떠나셨지만 매사에 자신감 넘치는 작은오빠는 아직 건강하시다. 큰오빠 못지않은 실력과 노력파로서 운을 탓하기에는 무어라 할 수 없지만 입신출세立身出世 길에는 항상 고난이 따랐다. 오빠는 고등학교 이학년 때 그 시대에 어려운 육군사관학교에 들어갔다. 인물도 실력도 큰오빠와 한 치도 뒤지지 않았다.

작은오빠가 진즉 가고 싶은 학교는 육군사관학교가 아니고 서울대학교 조선공학과였다. 당시의 입시제도는 특차가 육해공군사관학교 시험이 있었고 다음이 일반대학교 지원이었다. 오빠는 사관학교도 서울대학교도 모두 합격했다. 서울대학교에 가고 싶어 입학금을 마련하기 위해 백방으로 뛰었다. 가족 끼니를 위해 동분서주했던 부모님은 자식들 공부까지 걱정할 여력이 없었다. 장남만 잘되면 동생들은 장남이 알아서 돌볼 거라 믿던 시대였으니 각자 알아서 해야만 하는 각자도생이었다. 장남이 잘못되면 동생들은 인생 오합지졸이 된다는 건 당연한 사실이었다.

큰오빠는 네 개의 별을 단 장군까지 되었지만 같은 생도인 후배 작은오빠의 진급에는 한 치의 도움도 주지 않은 대나무같이 청정한 분이었다. 돈 없고 빽 없는 집안에 오직 자신의 실력만으로 출셋길을 달려가는 큰오빠에게 누累가 되는 일을 우리 형제 아무도 하지 않았다. 동생은 물론 내 아들도 외삼촌 도움을 바라지 않고 최전방에서 군 복무를 마쳤다.

그 시대에는 뒤 집 할 것 없이 장자를 받들던 시대였다. 큰오빠만은 어떻게 해서라도 학비를 마련해 주었다. 밑에 자식들은 학비가 없어 애를 태워도 걱정이 왜 없을까마는 관심을 주지 않았다.

대학 입학금 마감일이 임박할 무렵이었다. 부모님은 작은오빠에게 신경도 쓰지 않았으니 답답한 마음 오죽했을까. 동네 입구에 국회의원인 부잣집이 있었다. 돈은 많아 부자 소리는 들었지만 자식들은 하나같이 공부에는 관심 없었다. 노는 데는 또래 무리에서 뒤지지 않았다. 세상에서 제일 어려운 것이 자식 농사라 공부 잘하는 아들을 둔 우리 부모님을 몹시 부러워했다. 작은오빠는 용기 내어 그 집을 찾아갔다. 서울대학교 등록금만 도와주면 출세해서 꼭 보답하겠다고 간절히 청하였다. 거절당하고 풀 죽었던 오빠의 절박함을 나는 어렸지만 잊지 못하고 있다.

고등학교 학비 마련을 못 해 쉬는 동안 아르바이트도 하며 틈틈이 부모님을 도와 추운 겨울철에는 지게를 지고 산에서 나무도 해 왔다. 따뜻한 봄이 오면 어머니가 일구어 놓은 앞산 자락 텃밭에 들판 공중변소에서 오물을 퍼담은 똥장군을 지고 거름도 주었다. 깜깜한 새벽에 신문 배달해서 번 돈으로 동생들에게 학용품도 사 주고 부모님이 못 해주는 간식거리도 종종 챙겨 주던 자상한 면을 어찌 잊겠는가.

그리도 가고 싶어 하던 서울대학교를 포기하고 국비로 갈 수 있는 육군사관학교에 갔다. 육군참모총장 합참의장까지 네 개의 별을 단 큰오빠가 있었지만 작은오빠는 별 하나도 못 달고 대령에서 예편했다. 만약 가고 싶었던 서울대학교 조선공학과를 갔더라면 대한민국 조선 업계에서 별이 되지 않았을까.

작은오빠가 어느새 팔십을 넘긴 할아버지가 되었다. 모델 감으로 손색없는 아들딸 자랑하고 다닐 만한 자식을 세 명이나 두었다. 퇴직하고 쉬면서 취미로 그리는 초상화와 풍경화는 서울 어느 미술학원에서 인기몰이를 하고 있다. 지식도 다양해서 어느 곳에 어울려도 인기가 많다. 자기 관리를 철저히 잘하여 외모도 출중하고 의상도 잘 갖추어 챙겨 입으니 누가 봐도 호감이 가는 멋쟁이 할아버지가 되었다.

노래 가사에 '늙어가는 것이 아니라 익어가는 것'이라 했다. 오빠 외모 자체가 한 편의 화폭이다. 농익은 홍시처럼 반지르하다. 가끔 화실에서 여자들에게 '인기짱'이라고 내게 자랑도 한다. 오빠 블로그에 들어가 보면 작품이 화려하다. 만능 재주꾼이라 불릴 정도로 해박한 지식을 갖추었다. 평소 책을 가까이하고 좋은 글도 많이 쓴다. 내가 글을 쓰기 전에는 직접 쓴 글도 보내주었다. 지금은 수필 쓰는 나에게 용기와 칭찬을 아끼지 않는다.

어떤 장소에서도 유머 감각이 뛰어나 코미디언에게 밀리지 않는다. 고등학교 시절 학비에 보탬 되는 학교 앞 다방에서 디제이로 아르바이트한 덕에 육십 년대 팝송은 물론 음악에 대한 논문을 써낸 실력쟁이다. 고지식적인 옛날 선비 색이 농후해 옥에 티 같은 면이 있지만 누가 뭐래도 떠나가신 큰오빠나 지금의 작은오빠는 나에게 과분한 분들이다.

두 분 덕분에 보이지 않은 풍류를 누리며 살아왔다. 오빠의 그림은 개인전을 낼 정도로 많은 소장품을 갖추고 있다. 생전에 개인전을 낸다면 자랑하고 싶을 만큼 최고의 작품들이다. 나이는 많지만 사고思考가 아직도 청춘이다. 젊은이 못지않은 패기도 있다. 덕분에 아직도 노인 취급을 받지 않는다. 자랑거리를 일일이 다 나열할 수 없지만 기억해 보면 순간순간 살아가는 데 많은 힘이 되었다. 언제나 한 폭의 산수화 같은 자태로 건강하게 곁에 있어 주기를 바라는 마음이다.

오곡 밥상

겨울이 이제 다 갔는가 싶다. 겨우내 사무실을 지켜온 화초들이 주인의 게으름을 탓하는지 잎들이 시들부들 말라버렸다. 어제는 꽃 시장에 가서 봄 향기 물씬 나는 빨간 티파니, 코스모스과에 속하는 목마가렛, 자신을 사랑한다는 꽃말을 지닌 노란 수선화로 사무실 봄맞이 단장을 했다. 손님들의 눈요깃감을 뽐내리라 기대하였다. 그런데 오늘 아침 기온이 영하로 뚝 떨어져서 다시 겨울로 되돌아 가버렸다. 화들짝 놀란 봄맞이 꽃들이 얼지나 않을까, 조급하게 서둔 꽃단장 같은 기분이 든다.

오늘은 정월 대보름날이다. 매년 찾아오는 절기를 함께 즐길 식구가 없지만 나는 신성한 의식처럼 꼭 챙긴다. 그냥 지나치기에는 어딘가 서운한 것 같아서 오곡밥에 나물이며 생선과 부럼을 정성스레 차렸다. 조상님 전에 무탈한 한 해가 되게 해 달라고 두 손 모아 빌기까지 했다.

늦은 오후에 해운대 백사장에 세운 달집 구경을 갔다. 집에서 가까운 거리여서 운동 삼아 사부작사부작 모래밭을 걸었다. 옛날부터 정월대보름이 되면 각자 소원을 적어서 달집 안에 달아둔다. 아이들이 어린 시절에는 추억 만들기로 매년 해 왔지만 어른이 되어 다들 외지로 떠나면서 소원해져 버렸다.

달집을 태우기 전에 풍악대의 꽹과리, 장구, 북, 징 소리에 맞추어 사물놀이와 강강술래가 시작된다. 사람들은 달집 주위를 맴돌며 액운이 없기를 축원한다. 동쪽에서 달이 떠오르면 나무와 짚으로 만든 달집에 불을 넣어 주위를 밝힌다. 불꽃이 허공에 튀어 오르면 가족들의 건강을 기원하는 쪽지를 소원처럼 간절히 빌고 사른다. 말없이 떠나간 사람들의 안녕도 함께 기원한다. 장엄했던 불꽃이 꺼지면 문탠로드 순환 산책로를 걷는다. 문탠로드는 비교적 평탄하여 한 시간 정도 천천히 갈 수 있는 길이다. 달빛을 받으며 자신을 되돌아보고 정서적 안정을 찾을 수 있도록 하자는 취지를 가지고 있다. 가까이 살면서도 처음 걸어보는 길이다. 달집 구경에 나선 인파에 밀려 빨리 걸을 수가 없었다. 전국에서 모여든 수많은 사람 속에 끼어 있으니 숨이 차올랐다. 그러나 답답한 까닭은 옛 기억에 있다.

정월대보름 하면 선뜻 꺼내고 싶지 않은 친정어머님의 일생이 보인다. 가난 때문에 끼니를 걸렀던 시절, 다섯 자식이 굶고 있는 것을 보다 못한 어머니는 어느 한 해 정월대보름날, 돌잡이 막냇동생을 업고 물동이를 이고 나가서 한참 뒤에야 들어오셨다. 양동이에는 구수한 냄새를 머금은 오곡밥이 담겨 있었다. 그것을 보자마자 우리는 굶주린 배를 채우기 위해 어머니를 돌아볼 틈도 없이 숟가락을 부딪치며 단숨에 먹어 치웠다. 급히 먹는 것을 바라만 보던 어머니께 같이 먹자고 말하는 자식은 한 명도 없었다.

어머니는 도도하리만큼 하늘 높은 줄 모를 정도로 자존심이 강했다. 누구에게 굽신거릴 줄도 허튼소리를 할 줄도 모르는 강인한 어머니가 자존심을 팽개치고 동냥을 나선 때가 있었다. 그 모습을 떠올리기 창피해서 지금껏 보름날 그때의 일을 입 밖으로 내는 형제는 없다. 낯부끄럽기는 어머니도 마찬가지여서 돌아가실 때까지 일언반구 내색도 언사도 하지 않으셨다. 달이 떠오르면 그때 문밖을 나간 젊은 어머니를 상상한다. 골목에 달빛이 훤하고 달덩이처럼 고왔던 어머니의 당당한 자태를 더듬어본다. 어머니도 일생에 한 번 있었던 구걸을 어찌 잊을 수가 있었겠나. 오직 그릇에 담긴 따뜻한 밥과 훤한 달빛과 자식들의 밥숟가락 소리만 기억하고 있을 거다. 아마도 그것이 자식을 둔 어머니의 본성이 아닐까.

절기로는 매화꽃이 터질 때였다. 병원 생활 오 년 만에 벚꽃이 흐드러지게 피고 질 무렵 어머니는 홀연히 떠났다. 마지막 그날엔 이른 새벽 숨을 거둔 후에 연락을 받아 자식들 아무도 임종을 지켜보지 못했다. 병원 측에 항의도 해보고 싶었지만 소용없음을 알았다. 인명은 재천인데, 뒤늦게 누구를 탓하겠는가. 자주 찾아뵙지 못한 불효한 여식으로 후회만 남는다.

큰오빠는 정월대보름날이 되면 연중행사처럼 오곡밥을 차려서 어머니 산소에 갔다. 병원 가까이 거처를 옮겨 마지막까지 잘 보살펴 드렸지만 어린 시절 어머니의 오곡밥이 평생에 한이 되어 잊지 않았던 것이다. 올해부터는 그토록 챙기시던 큰오빠도 없다. 어머니 품속이 간절히 그리웠을까, 남은 우리들의 슬픔을 뒤로한 채 가셨으니 무책임하고 야속하다고만 여겼다. 그 슬픔이 계절 따라 무디어가는 나를 보니 마음이 아프다 못해 속이 상한다. 나에겐 유독 자상했던 오빠를 상상 속으로만 간직할 수밖에 없다. 지금쯤 두 모자는 저승에서 해후하여 이 보름날 아침에도 음식 솜씨 정갈한 어머니의 손맛을 즐기지 않을까.

내 나이도 꽤나 되었다. 정해진 날은 알 수 없지만 가늠할 수 없이 흘러버린 나만의 세월을 기록으로 남기고 싶다. 후손들에겐 가족사를 들려주고 싶고 할머니의 강인한 피를 이어받아 세파에 흔들리지 않으며 열심히 살았노라고 전하고 싶다. 자식들은 내가 살았던 힘든 세월을 살지 않지만 어미의 고단한 삶은 기억해 주었으면 한다.

엄마도 오빠도 안 계신 정월대보름이 유난히 쓸쓸하다. 오빠가 가신 지 벌써 일 년도 더 지났다. 저승문이 활짝 열려 있다는 팔월이니 좋은 곳에 계신다고 믿고 싶다. 오늘은 혹시 두 분이 함께 오시려나 하는 바람으로 정성 들여 차린 오곡 밥상 앞에 두 손 모아 극락왕생을 빌어본다.

상념에 젖어 있는 동안 달집 솔가지는 꺼져가고 있다. 사물놀이도 조용해졌다. 빼곡히 차 있던 인파들도 슬슬 흩어졌다. 아이들만 폭죽을 쏘며 그들만의 분위기를 즐긴다. 달빛이 시리도록 곱다.

소설 같은 이야기

어린 시절 동생들의 모습이 언뜻언뜻 떠오른다. 부모님은 일 나가고 오빠들 학교 가고 나면 집안일과 동생들 돌보는 일은 내 몫이었다. 초등학생 때 막내를 등에 업고 큰동생은 손잡고 어디를 가나 붙어 다니며 자랐다. 어린 계집아이는 집안에서 조용히 동생들을 데리고 놀지 않고 고삐 풀린 망아지처럼 강과 해변으로 싸돌아다녔다. 누나의 역마살 때문에 동생들이 얼마나 힘들었을까를 그때는 몰랐다.

아버지의 벌이로는 식구들 끼니 해결이 되지 않아 어머니가 장사를 했다. 여러 식자재를 다라이에 이고 팔러 다니다가 마지막에는 비린 생선 장사를 했다. 무거운 생선을 이고 몇십 리 길을 걸으며 일찍 팔릴 때는 일찍 오고 못 팔 때는 어둑살이 내린 저녁 늦게 온다.

막내가 갓난아기 때였다. 아침에 나갈 때 어머니는 나와 점심시간을 맞춰서 어디서 만나기로 약속을 해둔다. 내 나이 열 살 전인데 막내를 하루 종일 업고 다니기에는 힘에 겨웠다. 어머니와의 약속 장소에 가서 젖을 먹이고 집으로 돌아오는 길이 만만치 않게 먼 거리여서 동생도 나도 땀범벅이 될 정도로 지쳤다. 여름철이 되면 꾀죄죄한 얼굴에 머리카락은 이마와 볼에 엉겨 붙어 초라한 몰골은 더욱 말이 아니었다.

한번은 부전시장 굴다리 밑에서 작은 구멍가게를 하고 있는 큰아버지와 떨어져 사는 큰어머니를 찾아갔다. 아버지 형제분은 아버지보다 우리를 더 사랑해주는 인물이 출중한 큰아버지 한 분뿐이다. 양정 고지대에서 부전시장까지는 어린아이들이 걸어 다니기에는 꽤 먼 거리였다. 막내를 업고 큰동생을 데리고 눈깔사탕 하나 줄까 기대해서 한 시간을 걸어갔다. 큰어머니는 우리가 오는 것을 반기지 않았다. 눈치만 보다가 풀죽은 강아지처럼 돌아오기를 거듭했다. 자주 갔다가 어느 날 큰어머니의 매운 눈총과 서운한 한마디에 상처를 받은 후 발길을 끊었다. 막내는 어려서 모르지만 큰동생은 떼 쓸 만도 한 나이인데 누나가 가면 말없이 따라나서는 착한 동생이었다.

나는 남자 형제 네 명 사이에 끼여 자랐다. 그래서인지 여자아이들처럼 얌전히 놀지 않고 사내아이들 놀이만 하며 자랐다. 구슬치기, 딱지치기, 썰매 타기, 병정놀이에 오빠들은 나를 데리고 다녔다. 아이들이 해서는 안 되는 위험한 놀이도 겁 없이 덤벼들었다. 이웃 또래들을 데리고 부전역 철로 레일 위에 귀를 대고 멀리서 오는 기차 소리를 듣다가 가까이 오면 도망치기를 자주 했고, 굴다리 철로에 매달려 놀기를 동생들도 따라 했다. 산으로 들로 누나가 가는 곳이면 어디든 쫓아다녔다.

막내가 걸을 때까지 나는 등에서 내려놓지를 않았다. 나중에 허리를 못 쓸 거라고 걱정해 주는 동네분들도 있었다. 그때는 분유도 우유도 없는 시절이었으나 한나절에 젖 한번 먹는데도 어머니 올 때까지 보채지도 않고 끈기 있게 기다려주었다. 뛰어다닐 정도로 컸을 때 학교에 데려가서 교실 바닥에 앉혀 놓아도 보채지 않았다. 교실에 함부로 돌아다니지도 않고 내가 공부 마칠 때까지 대견하게 기다려주었다.

밖에 나갈 수 있는 시간은 점심시간이었다. 일 교시가 끝나면 십 분씩 쉬는 시간도 있었지만 나는 월반하였기에 모자라는 공부를 하려면 책상에서 일어날 수가 없었다. 오전 수업이 끝나면 동생 손잡고 점심 먹으러 집에 가는 것이 유일한 외출이었다. 동생도 밖에 나오는 것이 좋았던지 신나게 뛰었다. 학교와 집까지는 고지대여서 달음박질하지 않으면 안 되었다. 점심이라야 꽁보리밥에 김치 한 조각이었지만 꿀맛같이 달게 먹고 오후 수업에 늦지 않게 달렸다. 동생도 날쌘돌이처럼 잘도 뛰었다. 얼마 전에 옛날 초등학교 시대상을 보내온 카톡에 동생을 업고 교실에 들어오니 반 친구들이 놀리는 모습이 있었다. 그것을 보고 저 아이가 꼭 옛날 내 모습 같아서 공감이 갔다. 우리는 그런 시대에 살았다.

큰동생은 그림을 잘 그려 교내 사생대회에 우승해 귀한 스케치북과 크레파스와 상장을 받아왔다. 아버지는 그림쟁이는 굶어 죽는다고 흙 마당에 내던져버렸다. 동생은 아버지 몰래 숨겨 두고 앞산에 가서 그렸는데 지금은 화가 수준급이다.

어머니는 유난히도 큰동생을 끼고 사셨다. 부산으로 피난 가면서 6·25사변 때 갓 태어난 동생을 포대기에 싸서 구들목에 두고 갔다고 한다. 마산 선창가에서 부산 가는 배를 기다리다 두고 온 아들이 눈에 밟혀 집에 돌아와 보니 세상모르고 자고 있었다고 한다.

큰오빠가 어머니께 몸에 좋은 보양식 재료를 주면 본인은 드시지 않고 꼭 큰동생만 먹였다. 어릴 때 이웃에 동냥젖을 얻어 먹일 정도로 젖배를 많이 굶겨서 어머니에게는 가장 아픈 손가락이었다. 끼는 자식 잘 안된다고 어머니께 한마디 했다가 "니도 시집가서 자식 낳아 길러봐라, 열 손가락 깨물어 안 아픈 손가락 있나." 하며 야단만

치셨다. 이제는 저세상에서 편안히 쉬고 계시리라 본다.

동생들은 키도 인물도 훤칠해서 한참을 올려다봐야 한다. 지금은 환갑 진갑을 지나 누나와 같이 늙어가며 외손주를 둔 할아버지가 되었다. 두 분 오빠는 우리가 아동기에 학교 따라 서울로 갔다. 성장기는 남은 셋이서 인생의 단맛 쓴맛을 함께 체험하면서 컸다. 인생의 참맛이란 것도 알고 그래서 우리 셋은 애틋한 정이 더 있을 수도 있다.

추억은 고통이 심할수록 더 아름답다고 한다. 동생들과 만나면 소주잔 마주하면서 옛날이야기에 함박웃음으로 시간 가는 줄 모른다. 소설 같은 옛이야기들을 하면서….

두 개의 이름

어느 날 문득 기억이 사라진다면 어떨까. 환한 대낮에 눈을 뜨고 있어도 밤처럼 캄캄해질 것이다. 사촌 여동생에게도 그늘의 시간이 시작되었다. 가끔 전화로 나의 안부를 물으며 시끌벅적한 농을 하던 동생의 목소리가 궁금했다.

친정은 큰집밖에 없는 단출한 집안이다. 늘 동생이 먼저 전화로 내 안부를 묻는다. 생일 때가 되면 꼬박꼬박 언니 대접을 톡톡히 해주었다. 동생의 전화를 받으면 며칠 동안 씩씩한 목소리가 머릿속을 맴돈다. 개그우먼이라 불릴 정도로 우스꽝스럽게 능청을 떠는 것이 재미있다.

그러나 사소한 오해로 몇 해 동안 소식을 끊고 지냈다. 진즉 내가 풀었어야 할 것을 차일피일 미루다 연락을 하게 되어 마음이 편치 못하고 부끄러웠다. 생각이 짧았다는 것을 이제야 뉘우쳐 본다. 오해의 소지를 풀고 싶어 먼저 동생에게 전화를 걸었다. 수화기는 들었는데 말이 없다. “여보세요?”라고 계속 부르니 뜬금없이 “아줌마 누구세요?”라는 낯익은 목소리가 들린다. 횡설수설 무슨 말을 하는지 종잡을 수 없는 메아리만 들려왔다. 상태는 생각보다 심각했다. 가슴이 덜컥 내려앉았다. 얼마간 소식이 뜸한 사이에 무슨 일이 있었는지 온몸에 힘이 빠지고 머리가 하얘졌다.

동생과 나는 한 달 사이에 태어나 큰아버님이 출생신고를 하면서 이름도 똑같이 ‘윤정희’라고 올렸다. 그러나 생김새는 완전 딴판이다. 나는 큰집 작은집 다 합쳐도 돌연변이라고 놀림 받을 정도로 키가 작은 편이다. 동생은 몸집이 크고 음성도 항상 씩씩하다. 통화라도 하면 동생의 몸집만큼이나 에너지가 넘쳐 난다. 그러던 동생이 나를 알아보지 못한다. 자랄 때 전쟁을 겪으면서 곁에 포탄이 떨어지는 소리에 놀라 후유증을 앓기도 했고 결혼해서도 알콩달콩하게 지냈어야 할 젊은 시절에 가슴앓이를 많이 하고 살았다.

몇 년 전에 전망 좋은 넓은 아파트로 이사했다고 자랑까지 했다.

운동도 열심히 하고 복지센터에서 요가를 가르친다는 동생만의 특이하고 익살스러운 목소리가 귀에 울린다. 건강할 때 찾아가서 칭찬과 격려도 해주었어야 하는 것을 언니로서의 도리를 못다 한 것 같아 여러모로 후회가 앞선다.

살결이 뽀얗고 얼굴이 통통한 동생은 어릴 때 순둥이라 불렸다. 나는 다섯 살까지 가까운 큰집에서 동생과 언니들과 놀았다. 큰집 대문 앞이 신작로였다. 전쟁 후라 비포장도로에 하루 몇 번씩 군용 지프차가 흙먼지를 폴폴 일으키며 지나갔다. 큰집 언니와 나는 땡깔이란 별칭을 가질 정도로 맹랑했다. 지프차가 지나가면 동네 아이들은 누가 먼저랄 것도 없이 "헬로, 헬로 기브미!" 하며 우르르 꽁무니를 따라붙으면 키 큰 미군이 초콜릿과 껌을 던져 준다. 아이들 중에 제일 많이 움켜쥐는 아이는 단연 언니와 나였다. 먼지를 뽀얗게 뒤집어쓰고 대문 앞에서 꼼짝도 하지 않고 앉아만 있는 동생과 나누어 먹었다.

어른이 되면서 동생의 성격은 나와는 비교할 수 없이 탈바꿈했다. 이야깃주머니를 달고 다닐 정도로 재미있고 언변도 좋았다. 편지글을 보내면 문장력이 뛰어나 우리 집안에 작가가 나올 거라 칭찬이 자자했다. 그러던 동생이 믿기지 않은 병으로 깊어졌다.

치매는 우리 나이쯤이면 가장 두려워하는 병이다. 알츠하이머 예방에 대한 수칙을 알아두고 습관화하는 것이 지금으로서는 최선의 방법이다. 뇌질환에서 오는 병이라 그 누구도 예측하기 어렵다. 무엇보다 서서히 기억력을 잃어가니 병 중에서도 무서운 병이다. 초기에는 본인이 힘들겠지만 진행이 될수록 가족들을 더 힘들게 하는 고약한 특징이 있다.

동생은 이미 초기 증세는 지난 것 같다. 어찌해야 좋을지 몰라 모두가 걱정만 하고 있다. 동생의 남편인 제부도 팔순이 넘었다. 본인 몸 하나 건사하기도 힘든 나이인데 요양병원에는 절대로 보내지 않겠다고 철통같이 버티고 있다. 끝까지 병든 아내를 돌보겠다고 가족들의 제의를 완강히 거부한다. 인간적으로 고맙기는 하지만 갈수록 문제가 더 심각해질 게 뻔하니 참으로 딱한 일이 아닐 수 없다. 속도라도 조금씩 늦출 수만 있다면 그나마 다행이다. 그래도 지금 동생이 걸린 치매는 얌전한 치매라고 불린다. 집에만 있다고 하지만 언제 어떤 돌발행동을 할지는 누구도 알 수 없다.

작은오빠가 예전부터 동생을 많이 챙겼다. 고생 끝에 편할 만하니 몹쓸 병이 덮쳤다고 가장 마음 아파한다. 오빠의 주선으로 사촌언니와 우리 형제들이 모여 병문안 겸 찾아보았다. 동생의 아이들인 조카들도 자리를 함께하니 정말 들여다보기를 잘했구나 싶었다. 동생을 보는 순간 나는 마치 내 이름을 부르듯이 "정희야" 했다. 순간, 저 아이가 나인가 싶어 잠시 정신이 혼미해졌다.

언뜻 나를 알아보고 "언니야"라고 환하게 웃을 때는 눈물도 흘리며 기뻐하는 것이 짠하였다. 자신을 잠시나마 기억하는 것 같아 뜨거운 것이 주르륵 볼을 타고 내렸다. 정확하게 우리를 알아보지는 못해도 언뜻언뜻 정신이 들 때는 눈가가 얼룩졌다. 앞으로는 지금보다 더 심해질 거라고 생각하니 애잔하고 측은한 마음이다.

인간의 생로병사가 의지로 되는 것은 하나도 없다. 그래도 세상 밖에 나왔다면 나름대로 누리고 살다 가면 얼마나 좋을까 하는 생각을 떠올린다. 방향을 잃고 헤매는 정희에게 네가 가는 길은 그 길이 아니니 가던 길을 멈추고 빨리 돌아오라고 눈짓한다. 내 속에 있는 두 개의 이름, 어느 날 문득 "정희야"를 부를 때 등불 같은 미소로 씩씩하게 와 주면 좋겠다. 늦었지만 못다 한 사랑으로 따뜻이 품어 주리라 다짐한다.

사글셋방

아침저녁이면 제법 냉기가 돈다. 아름다운 가을이 명함도 내밀기 전에 서둘러 겨울이 찾아온 듯하다. 일요일 오전 일찍 경주 농장에 갔다 오는 길에 언젠가 한 번 꼭 가 보고 싶었던 울산 학성공원을 찾았다.

일 년 가까이 시집살이를 하다 처음으로 우리들만의 보금자리라고 터 잡은 곳이 공원 아래 사글세 단칸방이었다. 해마다 봄이면 벚꽃이 흐드러지게 만발하였고 상춘객들이 끊임없이 모여드는 도심

속 자연이었다. 당시는 지금처럼 음주가무를 단속하지 않던 시절인지라 사람들은 마음껏 봄놀이를 즐겼다. 공원 바로 밑에 살림을 차린 우리 집에서는 밤늦도록 시끌벅적한 노랫소리가 라이브로 들렸다. 그러나 여느 사람들과는 달리 나는 그 왁작박작한 가락이 싫지도 않았을뿐더러 어느새 그것을 즐기고 있었다.

오십 년도 더 된 일이다. 나의 고된 시집살이는 조금은 남달랐던 것 같다. 남편은 근무처를 울산으로 옮겨서 주말이면 집에 다녀가는 식으로 우리의 신혼은 요샛말로 주말부부였다. 결혼 후 시댁에 둥지를 튼 나는 견문이 없었고 무엇보다도 같은 공간에 살면서 시아버지의 시집살이가 유별났다. 그렇다고 남편에게 미주알고주알 고할 줄도 몰랐다.

그러던 어느 일요일 오후, 용달차 한 대가 대문 앞에 서더니 우리의 살림 도구를 주섬주섬 싣고 있는 것이었다. 나도 갑자기 당하는 일이라 놀랐는데 아버님은 더욱 당황해했고 곁에 계신 시백부님도 어이없어하면서 혀를 끌끌 차며 바라만 보고 계셨다.

살림 도구라야 자취생 정도로 몇 가지에 불과했다. 자그만 전기 코일 곤로가 두 개나 있어 그중 하나를 싣고 쌀이 서너 됫박 든 쌀자루가 전부였다. 남편의 돌발 사태에 화가 치민 아버님은 차에 올라와서 당신의 물건이라며 전기 곤로와 쌀자루를 거두어 내리는 것이었다. 느닷없이 날벼락을 맞은 참으로 놀라운 광경이었다. 이 소동을 당한 시집 식구들을 뒤로하고 낡은 트럭은 털털거리며 동네를 빠져나와 울산으로 향하는 7번 국도를 내달리고 있었다.

때는 쌀쌀한 냉기가 감돌기 시작하는 늦가을이었다. 부분적으로 포장도로가 있기는 했지만 국도는 대부분 비포장이었다. 차가 심하게 흔들릴 때면 만삭의 뱃속 아이가 놀랄까 봐 두 손으로 단단히 움켜잡았다. 목적지에 도착할 때까지 두 시간 남짓한 짧지 않은 동안에도 남편과 나 사이엔 아무런 대화가 없었다. 이유야 어찌 되었든 이젠 시집살이에서 벗어나겠구나 싶은 심리적 해방감만큼은 만끽하고 있었다. 우리 부부가 함께한 그 세월 중 내 평생 가장 기뻤던 날을 손꼽으라 한다면 그날을 첫 번째로 꼽는 데에는 조금의 망설임도 없다.

해가 지고 어스름한 저녁 무렵, 학성공원 아래 짐을 부려놓고 이삿짐 차는 휑하니 떠나가 버렸다. 길바닥에 세간살이만 풀어 놓고 우두커니 서 있는 꼴이 어딘가 어색하게 여겨지던 그제야 난 눈치를 챘다. 남편은 이사할 방도 구해 놓지 않은 채 무작정 짐만 덜렁 싣고 도망치다시피 집을 나와버린 것이다. 아무리 남편이 저지른 일이긴 해도 어처구니가 없었다. 부자간에 무슨 일이 있었길래 하루아침에 대책 없는 결정을 하고 도망쳐 나왔는지는 지금까지 이해되지 않는다.

그는 잠시 후 길바닥에 날 세워두고 논두렁으로 뛰어갔다. 멀리 허허벌판 논 가운데 조그만 집이 한 채 있었다. 그 집으로 들어가서 한참을 있다가 뛰어나와 짐을 옮기기 시작했다. 나중에 알았지만 거기는 친구가 일찍 결혼해 세 살배기 사내아이가 있는 집이었다. 방이 두 칸밖에 없는 형편인데도 갑자기 들이닥친 친구를 거절하지 못해 작은방의 짐을 부랴부랴 부엌으로 내어놓고 우리 짐을 들여 주었다. 자세한 영문은 몰랐지만 나는 그저 좋기만 했었다. 그간의 시집살이에 대한 강박관념에서 해방된 기쁨, 그것만이 내 머릿속을 채우고 있었다. 무모한 용기를 내며 과감하게 거사를 처리한 남편이 무슨 개선장군인 듯 대견했다. 그날의 철없던 우리 부부를 그토록 배려해 준 그분들의 호의는 잊을 수가 없다.

도망치듯 집을 나서고 보니 점심을 거른 것은 물론이고 짐까지 정리하고 나니 시장기가 돌았다. 어둑발이 찾아들 무렵 저녁거리도 살 겸 근처 시장을 찾았다. 시골 시장은 이미 파장이었다. 문을 닫은 가게가 더러 있으면서 가게의 불도 하나둘씩 꺼져가니 휑하다 못해 스산한 기분이 들 정도였다. 둘이서 시장바닥을 몇 바퀴나 돌았어도 정작 물건은 하나도 사지 못하였다. 내가 뭔가를 사려고 하면 남편이 자꾸 말렸다. 알고 보니 수중에 돈이 한 푼도 없었던 것이다. 울산에서 몇 달째 직장을 다니긴 했어도 회사가 어려워 한 달 치 월급도 제대로 못 받았다고 했다. 그때는 흔한 일이었다.

이윽고 어두워져서야 집에 도착하였다. 친구분 내외는 저녁상을 차려 놓고 우리가 오기를 기다리고 있었다. 밥상엔 귀한 소고깃국이 떡하니 올라 있었다. 친구 부인이 무와 두부를 잘게 썰어 칼칼하고도 시원하게 끓여 준 소고깃국 맛은 최고였다. 가난한 내외의 주머니 사정이 투영된 고깃국이라 한결 진한 맛이 우러났던 게 아닌가 싶다.

반전은 또 있었다. 아침에 출근하려고 남편이 부엌문을 여니 방문 앞에 어제저녁의 고깃국과 함께 밥이 쟁반에 차려진 채로 놓여 있고 친구분 내외는 이미 나가고 없었다. 무안해할지도 모를 우리를 배려해 자리를 피한 듯하였다. 나이도 젊은 부부가 어쩌면 그리 속 깊은 배려를 할 수 있었는지 생각할수록 눈물겨울 뿐이다.

한 달쯤 친구 신세를 지고 나서 밀린 월급이 조금 나와 방을 구하러 나섰다. 없는 주머니 사정에 맞추다 보니 여간 어려운 게 아니었다. 가진 돈으로는 언덕 꼭대기 방 한 칸도 얻을 수가 없었다. 몇 날 며칠을 찾아 헤맨 끝에 겨우 얻은 것이 학성공원 밑에 부엌 딸린 방 하나 사글세였다. 그 집에서 첫아들을 낳고 어렵사리 얼마간을 버텼다.

일 년 남짓 살다가 우리도 부산으로 이사해 왔고 친구분도 서울로 가서 새로운 사업을 시작하며 잘살고 있다는 소식을 전해 들었다. 세월이 한참 흐른 뒤 친구분 따님의 결혼식이 있어서 식장을 찾게 되었다. 그 후 우리도 어느 정도 자리를 잡게 되어, 서로 안부를 주고받으며 옛날 옛적의 고마웠던 얘기를 꺼내어 추억도 나누었다.

친구분께는 나름대로 보답 아닌 보답을 했지만 그들이 베풀어 준 것에 비하면 보잘것없는 답례였다. 마음만큼은 또 기회가 있을 것이라 믿고 자신을 달랬다.

오십 년도 더 지났다. 학성공원 부근은 상전벽해를 거듭하며 그 시절 흔적은 찾아볼 수 없을 정도로 변했다. 아파트가 즐비하고 공설운동장도 들어선 반구동 남외동 일대가 첨단도시로 변모했고 공원은 울산왜성이 있던 사적지로 깨끗하게 잘 정비되었다. 역사의 현장에서 잠시 충의의 기운을 호흡했구나 하는 야릇한 감회와 함께 나의 신혼 추억이 아로새겨진 비탈길을 천천히 둘러보았다.

인연

스물세 살 어린 나이였다. 남편이 양자로 간 큰집에서 시집살이를 시작했다. 백부님 슬하에는 초등학교 삼 학년인 여자아이가 있었다. 눈이 똘망똘망하고 예쁘장했다. 큰아버님이 오랫동안 소생이 없으니 늦은 나이에 밖에서 세 살짜리 아이를 데려왔다고 했다. 친엄마는 아이만 낳고는 종적을 감추었다. 그런 아이를 큰어머니가 곱게 보지 않았다.

큰어머니는 약간 엉뚱한 면이 있는 분이다. 사정이야 어찌 되었든 본인의 소생이 아니어도 친자식처럼 예쁘게 키울 일이지만 실상은 그렇지 못했다. 당시로선 흔한 일이기는 하였지만 집안일을 시키고 부리는 애 식모 수준이었다. 늘상 야단치고 꾸짖었다. 큰아버지는 아이를 안쓰러워했지만 큰어머니를 당하지 못했다. 환경이 그래서였는지 어린 것이 눈치 하나는 고단수였다. 그렇다고 기죽어 사는 아이도 아니었다. 표정이 밝고 노래도 곧잘 하는 명랑한 아이였다. 일을 시키면 항상 노래를 곁들였는데 잘못해서 야단을 맞으면서도 언제나 일은 건성건성이었다. 하기야 그 또래 아이가 일을 하면 얼마나 잘한다고, 다 부모 복이 없는 팔자소관이다. 학교에선 아이의 재능이 남다르다는 것을 알아보고 합창부에 편입시켜 노래 연습을 시켰다. 그러느라 귀가 시간이 늦어지니 집에선 아이를 닦달하다 못해 결국 학교에 찾아가 담임선생님께 항의하고 합창을 그만두게 했다.

지금 생각하면 그때 왜 그 아이의 편을 들어주지 못했던가 마음에 걸린다. 나는 철도 없었지만 큰어머니는 시집온 나까지 아이와 같이 취급하니 눈치 보고 살아야 하는 형편이었다. 어린것이 갖고 싶은 것도 많았을 것이고 군것질도 하고 싶을 나이였다. 달리 누가 용돈을 챙겨 주지 않으니 돼지저금통에 손을 댄 것이다. 이후에도 종종 돈이 없어지고 손님들이 벗어 놓은 호주머니의 돈도 사라졌다. 뒤에 안 사실이지만 손님의 일은 아이가 한 짓이 아니었다. 집에 자주 드나드는 잘 아는 사람의 소행인데 애먼 아이에게 누명을 씌웠던 것이다. 아무도 믿어주지 않았으니 얼마나 억울했을까. 매질해도 불지 않으니 나도 같이 도둑으로 몰려 집안이 발칵 뒤집혔다. 뼈만 앙상한 계집아이가 불쌍하기 짝이 없었다. 그나마 다행인 것은 순간만 넘기면 언제나처럼 생기발랄하고 명랑한 아이로 되돌아왔다.

우리는 큰집에서 일 년쯤 살다가 살림을 나게 되었다. 어린아이는 평소에도 열다섯 살만 되면 집을 나갈 거라고 입버릇처럼 말했다. 갈 곳도 없으면서 그런 말 하면 안 된다고 몇 번이나 주의를 주었다. 우리가 나온 사이에 정말로 십오 세가 되자 말도 없이 나가버렸다. 어디를 갔는지 들려오는 소식도 없고 수소문해 보았지만 찾을 길이 없었다.

끝내 아이는 돌아오지 않았다. 어느덧 세월이 흘러 기골이 정정하던 큰어머니도 이름 모를 병으로 돌아가셨다. 당뇨가 심한 시백부님을 홀로 둘 수 없어 둘째 아들 첫돌 지나고 아파트 평수를 늘리면서 집으로 모셔왔다. 그렇게 살림을 꾸리며 세월이 흘렀다.

어느 날 느닷없이 집 나간 아이가 돌아왔다. 스무 살이 넘었으니 몰라보게 변했다. 어릴 때 자랐던 티는 간데없고 누가 봐도 한눈에 반할 정도로 멋쟁이 숙녀가 되어 나타났다. 큰아버님도 몹시 반가워하는 눈치였다. 그동안 살아온 과정이 순탄치는 않았어도 겉보기엔 좋아 보였다. 결혼할 남자가 있다면서 데리고 온 상대가 직업이 변변치 않아 마음에는 들지 않았지만 둘 사이는 꽤 좋아 보였다.

충무 본가에서 결혼식을 올린다는 소식을 듣고 시어머니와 남편과 함께 찾아갔다. 시집 마당에서 전통 혼례식을 치렀다. 그때부터 우리는 시누이와 올케 사이로 지내게 되었다. 도심에서 화려하게 살아온 과거는 말끔히 벗어던지고 어부의 아내로 착실하게 살림을 꾸리는 한 여인이 되어 가고 있었다. 천성이 착해서인지 명랑하고 활달한 성격만큼은 변함이 없었다. 남편과의 금슬도 각별했다. 시집 동네에 뿌리내리고 충무시장의 장사꾼으로 씩씩하게 살아가니 행복해 보였다. 과거는 과거일 뿐이다. 자랄 때 얘기는 아무도 꺼내지 않았다. 백부님 제사 때면 잊지 않고 찾아오는 어엿한 딸이다. 친정 올 때는 남편이 새벽 바다에 나가 잡은 싱싱한 횟감은 물론 각종 해산물을 박스째로 가져오는 큰손 여장부이다.

결혼하고도 몇 년을 아이가 없어 걱정이 떠날 날이 없더니만 천신만고 끝에 딸 하나를 얻었다. 딸은 태어나자마자 심장 판막증으로 수술을 받아야 했고 그 후유증으로 오랫동안 고생했다. 제 어미 마음고생을 시킨 딸도 착하게 자라 시집가서 아들 둘 낳고 사랑받으며 잘살고 있다. 그러나 시누이 남편의 집안은 무슨 내림인지 시아버지도 시숙도 간경화로 일찍 돌아가셨고, 남편도 젊어서부터 간경화로 시한부 생을 살면서도 시누이가 극진히 돌본 덕분에 생각보다 오래도록 사이좋게 살았다.

시누이한테는 풀어야 할 커다란 숙제 하나가 있었다. 결혼 전 살길이 궁해서 돈이 된다는 지인의 꾐에 빠져 미국인과 위장 혼인신고를 했다. 그것 때문에 남편과는 동거인으로 되어 있고 딸도 시숙의 호적에 얹혀 있었다. 불안한 남편의 건강도 문제지만 만약 남편이 잘못되면 시누이한테 돌아오는 것은 아무것도 없게 된다. 어촌에 살다 보니 한 집 건너 시집 친척들이다. 치매 시어머니를 돌보고 있지만 어딘가 떳떳하지 못해 마음 졸이며 살고 있다고 내게 도움을 청해왔다.

나는 옛정을 생각해서라도 꼭 그녀의 신원을 회복시켜 당당하게 세상을 살아가게 해주고 싶었다. 처음에는 알고 지내는 법무사에게 부탁했다. 얼마의 선수금을 지불하고 맡겼으나 무심하게도 세월만 보내고 돌아오는 답은 없었다. 또 지인의 소개로 외국인 국제변호사를 만나 의뢰를 하였지만 그것 역시 답은 아니었다. 마지막으로 몇 분의 전문변호사에게도 맡겨보았으나 모두가 하나같이 십 년이란 허송세월만 보내고 선수금만 날렸다.

그러는 동안 시누이 남편의 건강은 날로 예측할 수 없는 상태로 되어가고 있었다. 고민 끝에 시청 담당과를 찾아가 그간의 자초지종을 호소하며 길을 물었다. 생각지도 못했던 쉬운 방법을 알려주었다. 시키는 대로 따르면 제일 먼저 미국인과 혼인 신고한 호적초본이 필요했다. 요즈음과 달리 당시는 서류를 입수하려면 본적지 해당 행정기관을 찾아야 했다. 본적인 경주 호적계를 찾아가서 안 사실이지만 십 년 동안 사건을 의뢰받았던 법무사도 변호사도 여길 찾아온 사람은 아무도 없었다. 약속한 사람들이었다.

당국에서 가르쳐준 대로 대리인 자격으로 올케인 내가 시누이의 살아온 과정과 현재 처한 어려운 사정을 상세히 적어서 영문으로 번역된 서류를 제출했다. 수 차례의 과정을 거듭한 끝에 서울의 가정법원으로 이관되었다. 거기서 추가 서류를 체출하고 십여 년이나 헤맨 끝에 드디어 이혼 확정판결을 받았다. 내 일보다 더 기뻤다. 곧이어 정식으로 남편과의 혼인신고도 마치고 아이도 제 부모 밑으로 제대로 옮겼다. 그야말로 십 년 묵은 체증이 내려간다는 말이 이를 두고 하는 말인가 싶었다.

당장 잘못될 것 같던 그녀의 남편도 기력을 되찾아 몇 년을 더 잘살았다. 외손자 재롱까지 즐기다가 작년에 세상을 떠났다. 얼마 안 되는 재산이지만 떳떳하게 시누이 앞으로 상속되었다. 남편은 떠나기 전부터 홀로 남을 짝이 고생하지 않게 나름대로 준비를 해두었다. 그런 남편의 고마움을 잊지 않고 지금도 씩씩하게 잘 살아가고 있다.

기구한 사연 끝에 맺어진 우리의 인연은 여느 집 시누이와 올케가 부럽지 않게 서로 의지하며 돈독한 우애를 나누며 지낸다. 미련이 남는다면 한창나이에 떠난 시누이 남편이 이 좋은 세상에서 조금만 더 수를 했더라면 하는 아쉬움은 거둘 수가 없다.

해인사의 봄

코로나19 집단 감염 뉴스를 듣고도 일행은 예정된 날짜에 맞춰 해인사를 방문했다. 다섯 명 이상 집합 금지인 비상시국에도 불교 도반 여덟 명은 단골 차량인 밴을 타고 새벽에 출발했다.

사월 둘째 주 이틀간 봉행하는 '정대불사'에 참석하는 일정이었다. 해인사 팔만대장경의 날 기념행사로 석가탄신일에 버금가는 큰 행사인데도 이럴 수가 있을까 싶을 정도로 한산했다. 코로나 때문인지 우리 일행 외에는 띄엄띄엄 몇 사람만 보일 뿐이었다. 무대 장치로 한동안 부산한 듯하더니 이내 조용해졌다. 신도들의 참여가 부진해서인지 당국에서 엄히 단속한 결과인지는 몰라도 갑자기 행사가 중단되었다고 발표하는 것이다. 많은 준비를 하였을 터인데 연중행사를 망쳤으니 주최 측으로서는 난감한 일이겠다. 코로나 팬데믹의 터널 끝이 언제쯤일는지 걱정이 앞섰다.

정대불사 동참금을 영가들의 천도재에 보시하고 반야심경 사경을 했다. 드넓은 법당 안에는 일인용 책상이 끝이 보이지 않을 정도로 질서정연하게 배열되어 있었다. 해마다 조금만 늦기라도 하면 앉을 자리가 없었다. 그런데 지금은 우리밖에 없으니 황량하고 한적하다. 믿음의 정신이 코로나바이러스 앞에 무참하게 무너졌다. 스님들과 신도들의 실망도 여간 큰 게 아니었겠지만 은근히 사찰 살림도 걱정되었다. 대웅전 참배를 마치고 팔만대장경을 모신 장경각을 둘러보았다. 계단을 내려와 탑을 돌며 가정의 평안을 기원했다. 주위를 살펴보니 일행들이 보이지 않아 그늘진 돌계단에 앉아 대웅전을 마주하고 그들을 기다렸다.

오십여 년 전 그날이 주마등처럼 스쳐 갔다. 4월 1일 만우절날 결혼식을 마치고 신혼여행을 떠났다. 달리 여행에 대한 사전 계획도 없이 열차를 타고 무작정 내린 곳이 대구역이었다. 신혼부부인 줄 알아챈 택시 기사가 서너 시간을 달려 데려다준 곳이 해인사 인근의 조그만 여관이었다. 사월의 산중이라 어둠이 일찍 찾아왔다. 그리

깨끗하지도 않은 여관방에 짐이라고 할 것도 없는 조그만 손가방을 풀었다.

나는 남자 형제들 속에서 자랐고 친구들 중에서도 일찍 결혼을 했다. 신혼여행 준비물이 무엇인지 보고 들은 바가 없으니 여벌의 옷 한 벌 제대로 챙길 줄을 몰랐다. 결혼 전날 밤 복잡한 갈등으로 다툼이 있었다. 좀 더 시간을 두고 생각할 여유도 없이 서두르는 바람에 급하게 받은 날짜는 다가왔고 양가 가족들의 이목이 두려워 얼떨결에 진행하게 된 것이다. 우리는 심적인 부담감 때문이었는지 여행의 피로감 탓인지 첫날밤은 손도 제대로 잡아보지 못한 채 그냥 잠들었다.

봄을 알리는 새 소리에 눈을 뜨니 깊은 산속 계곡에는 살얼음이 남아 있었다. 맑은 얼음 속에서도 봄의 새싹들은 아름다웠다. 차가운 계곡물에 둘이서 세수하는 모습을 담은 장면과 사찰 계단에서 어색하게 찍은 두 장의 신혼여행 기념사진이 전부였다. 가져간 카메라로 요소요소의 추억을 나름대로 담았지만 남편이 직접 현상한 것이 잘못되어 백지가 되는 바람에 그마저도 말짱 허사가 되었다. 그래도 매년 결혼기념일에는 꼭 오자고 약속했다. 그러나 아들 둘 낳고 키우며 정신없이 사느라 중요한 약속을 잊고 있었다.

서른 살이 드는 해에 불면증으로 건강이 극도로 나빠졌다. 병원에서는 스트레스로 인한 신경성 위장병이라 했다. 먹을 수가 없으니 몸은 하루가 다르게 야위어갔다. 십 년 가까이 용하다는 병원을 찾아다녔지만 특별히 병명도 알지 못해 참으로 난감했다. 의사가 하는 비관적인 말도 마음에 걸리고 의식은 흐릿해져 밤마다 헛것이 보이니 상태가 심상치 않음을 스스로 느꼈다. 그동안 잊고 살았던 신혼여행지를 마지막으로 가 보고 싶어 둘째 아들이 네 살 때 우리는 여름휴가를 받아 해인사로 갔다. 십 년 만에 다시 찾아간 사찰 옆 계곡도 여관 이름도 그대로였다. 그곳에 짐을 풀고 하룻밤을 묵으며 철없었던 시절 첫날밤을 덧없이 보낸 것이 새삼스레 떠올랐다.

식구들이 잠든 사이 새벽 목탁 소리에 대웅전으로 가서 부처님께 간절한 마음으로 108배를 올렸다. 자랄 때는 어머니가 새벽마다 장독대에 정화수를 떠 놓고 두 손 모아 비는 것만 보았지 절에 가 본 적은 드물었다. 상황이 절박하니 나도 모르게 바닥에 엎드리게 되었다. 신혼여행 때는 불안한 마음으로 자신도 모르게 이끌려갔다. 그래도 결혼 생활의 첫 출발지가 해인사였기에 편안하게 마음을 내려놓았다. 마지막 여행지가 될 것 같은 예감이 들어 계곡 바위에 앉아 영정 사진을 찍었다. 좀 더 예쁘게 찍어 달라고 했는데 워낙 말라 있어서 몇 번을 찍어도 보기가 흉했다. 세월은 걸렸지만 해인사의 인연으로 부처님을 자주 찾게 되었고 건강도 거짓말처럼 회복되었다.

어려웠던 지난 세월의 상념에 젖어 있을 때 일행들이 보였다. 공양간에서 점심을 먹고 가까운 원당암으로 갔다. 여기도 우리들 뿐이었다. 부산에는 다 지고 없는 벚꽃 몽오리가 곧 터질 것 같은가 하면 목련도 활짝 피었고 개나리도 흐드러지게 색을 뿜었다. 도반들은 하나같이 봄빛에 취해 감탄사를 연발하는 청춘의 소녀들 같았다.

원당암은 해인사보다 더 오랜 역사를 가지고 있는 암자이다. 신라 왕실의 원찰이라는 뜻으로 원당암이라 부른다. 암자 마당 돌탑에는 혜암스님이 쓰신 '공부하다 죽어라.'라는 휘호가 새겨져 있다. 생을 다할 때까지 배우며 살아가라는 뜻일 거라 본다. 유가儒家에서 말하는 '학생부군'도 평생 인생을 배운다는 뜻이 있으니 종교와 철학의 궁극은 그 맥이 상통하는 데가 있나 보다.

오늘도 해인사에 들러 심신 수양을 위해 또 하나 배우고 간다. 매년 정초 기도 때마다 통도사 해인사 송광사 삼보사찰을 들른다. 도반들과 전국 사찰을 두루 다니지만 해인사는 내 인생의 첫 도량처이기에 더욱 마음이 머문다.

사라진 대금 소리

텔레비전 채널을 돌렸다. 어느 국악인의 심금을 울리는 대금 소리가 들려왔다. 무심결에 듣다 나도 모르게 심취해 마음이 흔들렸다. 어쩌면 그리도 구슬프게 다가오던지 참으로 놀라웠다. 어디선가 많이 들어 본 까마득한 옛 기억 속에 감춰진 소리였다.

어릴 때 피난민들이 모여 살던 산동네 판자촌에서 자랐다. 세월이 흘러 우리가 뛰어놀던 뒷동산에는 여자고등학교가 들어섰다. 부잣집들이 하나둘씩 생기면서 제법 사람 사는 동네답게 어울리게 되었다. 하지만 우리들의 놀이동산은 사라졌다. 눈이 오면 눈밭에서 뒹굴었고 정월대보름날 밤이면 깡통에 불을 댕겨 밤늦도록 유년의 추억인 쥐불놀이하던 그런 동네가 더없이 좋았다.

초등학교 시절이었다. 동네 아이들 모두가 남녀 구분 없이 어울려 놀았다. 나는 남자 형제들 속에서 자란 탓인지 즐겨하는 놀이 역시 거의가 사내아이들의 놀이였다. 이웃엔 유난히 나를 예뻐해 주던 과묵한 남자아이가 있었다. 양쪽 집안끼리는 일가처럼 친하게 지냈다. 그는 용모도 단정한데다 공부도 잘하는 모범생이었다. 위로는 누나가 셋 있었고 아래로 남동생을 둘 둔 장남이었다. 총명한 데에다 행동거지가 똑바르다 보니 그 집안의 유일한 장래 희망이었다.

셋째 누나는 우리 작은오빠를 좋아했다. 우리 집에 와서 밥도 지어주고 집안일도 곧잘 도와주던 마음씨 고운 언니였다. 나도 그런 언니를 친언니처럼 따랐다. 그의 어머니는 색다른 음식이라도 하게 되면 꼭 나를 불러 먹였다. 갈 때마다 가족들은 크게 반겼다. 그의 좁은 방 흙벽에는 상장이 도배를 하고도 남을 정도로 붙어 있었다. 특히 수학과 관련된 상장이 월등히 많았다. 항상 나 혼자 재잘거리다 올 정도로 그는 말수가 적었다.

그의 아버지는 노름에 약주를 즐기셨다. 종종 놀음판에서 돈이라도 잃는 날이면 만취가 되어 엄동설한에도 식구들을 내쫓는 주벽이 심했다. 그럴 때면 우리 집에서 밤을 보내곤 하는 일도 있었다.

공부하다 어려운 문제가 있으면 오빠들이 꼼꼼히 가르쳐주니 자주 오가며 친하게 지냈다.

세월이 흘러 나는 여고생이 되었고 그는 대학생이 되었다. 당시 가정 형편이 어려워 내가 벌어 공부를 해야 했다. 방과 후 학생의 공부를 돌봐주고 늦은 시간에 귀가했다. 그는 우리 아랫집에 살았다. 가끔 자정이 가까워져 오면 대금 소리가 들려왔다. 고요한 밤 적막하고 구슬픈 대금 소리를 오랫동안 들으며 지냈다. 지금 같아서는 언감생심 생각지도 못하지만 그때 인심은 요즈음과는 사뭇 달랐다. 아무도 대금 소리를 두고 불평하지 않았다.

세월이 지나자 그 집은 큰길 건너편으로 이사를 갔다. 그래도 내가 학교 마치고 돌아올 시간이면 길목 돌다리에서 기다리고 있었다. 공부가 시급한 나로선 매번 그의 눈빛을 외면했다. 처한 입장이 그럴 수밖에 없는 것이긴 하였으나 그것이 그를 싫어한다는 의사 표시는 결코 아니었다.

어느 날 길목에서 만난 그가 한 번만 시간을 내어 달라고 사정이라도 하듯 말을 건넸다. 나는 변함없이 들어주지 않았으니 포기를 한 것인지 '이십 년 뒤에 다시 만나자.'는 애매한 한마디를 던지고 돌아갔다. 그날의 심각했던 마지막 모습은 아직도 기억에서 지워지지 않는다. 나의 행동이 상대방에게 아픈 상처가 될 줄 전혀 깨닫지 못했다.

그렇게 돌아간 다음 날, 나의 공부방 창문 앞 나지막한 동산에서 사흘 밤 동안 대금 소리가 날이 새도록 들려왔다. 그래도 나는 애절함이 무엇인지 알지 못하고 귀담아듣지 않았다. 어느 날부턴가 대금 소리는 사라지고 다시는 들을 수 없었다. 내 상황이 절박해서인지 궁금해하지도 않았다.

다양한 시대상을 다루는 사극 드라마를 즐겨본다. 드라마 속에서 적막감 감도는 고요 속에 대금으로 기다림을 달래는 주인공을 볼 때는 나도 모르게 과거의 대금 소리가 내 가슴에 비수처럼 꽂히는 것을 느낀다. 그의 마음을 몰라주어 늦었지만 사죄의 마음 올린다. 부디 어디든지 계신 곳에서 편히 쉬기를 기도한다.

버팀목

아직은 쉬고 싶지 않다. 무엇을 위해 살아왔는지 묻고 싶지도 않다. 그냥 주어진 여건 속에서 열심히 살아왔다고 말할 수 있다. 물질적으로 풍족하지는 않았으나 자존심만큼은 강하여 누구에게도 지는 것을 싫어했다. 원대한 꿈도 있었지만 이루지 못한 것도 내 잘못임을 인정하고 누구를 탓하거나 원망하지 않는다. 노력은 했으나 애쓴 만큼 현실이 받아 주지 않을 때도 많았다. 내 뜻과는 달리 쉽지 않은 삶이었다.

부모 복이 반복이라던데 그런 건 기대하기 어려웠다. 그것 또한 숙명적으로 주어진 팔자소관이라 생각한다. 존재하고 있는 것이 부모님의 은혜라면 더 이를 말이야 있겠는가. 힘겨웠던 세월은 뒤돌아보고 싶지 않지만 그래도 사람인지라 간혹 돌이켜보게 된다.

살아온 길이 그리 순탄하지 않았다. 결혼도 내 의지와는 상관없이 흘러갔다. 몇 시간의 오차로 눈 앞에 펼쳐진 무지개 꽃길을 버리고 되돌릴 수 없는 가시밭길로 들어서고 말았다. 일생일대의 운명을 단 몇 시간 만에 결정하고도 뒤를 돌아볼 수 없었다. 후회라는 건 꿈에도 생각해 본 적 없이 앞만 보고 걸어왔다. 어렵게 시작한 결혼생활인지라 '놓친 고기는 월척이었다.'고 지난 세월을 한 번쯤 생각해 볼 만도 한데 포기한 순간부터 아쉬워할 여유도 갖지 못했다. 시집에 얹혀살다 보니 하루 살기도 고달팠다.

그래도 아이를 둘이나 키우면서 성실히 살았다. 노력한 만큼 살림이 늘기 시작하자 여유라는 게 이런 거구나 하는 생각이 들었다. 하늘이 내려주는 복이라는 것이 공평하지는 않았다. 비단 나만이 겪는 경우는 아니겠지만 살림에 여유를 느끼는 순간부터 원인 모를 마음의 병을 얻었다. 어둠의 길을 헤매고 있을 때 운명의 신에게 간절히 매달린 덕분인지 닫힌 마음이 열리게 되었다.

어렵사리 살길을 찾은 것은 가까운 친구들의 권유 덕분이다. 집 밖으로 나가 여느 사람들처럼 취미생활이란 것도 해보고 지인들도 만나게 되었다. 고마운 분의 도움도 있었다. 누구에게나 가까이 지내는 벗이 있기 마련이지만 적어도 잊어서는 안 되는 친구가 있었다. 서로를 위해주고 격려도 하며 지냈다. 그런 이가 어느 날 갑자기 다시는 돌아올 수 없는 먼 곳으로 홀연히 떠나가 버렸다. 가 버린 친구도 친구였지만 남아서 그 슬픔을 감내해야 하는 나는 극복하느라 꽤 많은 시간이 흘렀다. '산 사람은 어째도 산다.'고 하는 옛말을 한때는 부정하고 싶기도 했다. 흔히 '세월이 약'이라고 한다. 세월이 가고 또 새로운 친구가 생기면서 그토록 아팠던 상처는 아물기 시작했다. 그리고 나서부터 서서히 병도 사라지고 정상적인 삶을 되찾게 되었다. 또 그즈음 일을 갖게 되면서 지난 상처를 곱씹을 여유가 없어졌다. 눈앞에 주어진 생업에만 몰두했다. 잡념을 쫓는 좋은 방법이기도 했다. 생각지도 않았던 일이 우연히 찾아온 기회로 돈도 벌게 되었다.

나는 무슨 일이든 결정하고 나면 두 번 다시 생각하지 않는다. 그것이 장점이고 단점이기도 했다. 성급한 결정으로 잃은 것도 있었지만 얻은 것도 많았다. 그래서 잃은 것에 집착하지 않는다. 성격이 좋고 나쁨을 떠나 이미 저질러졌고 고민한다고 해서 해결되는 것도 없었다. 인생 공부했다고 치부하고 빨리 포기해 버린다. 그것이 내가 여태까지 살아온 최선의 방법이었다.

사회생활을 하면서 고달프고 어려움 없이 사는 삶의 세상은 어디에도 없다. 꾸준히 노력을 아끼지 않은 덕분인지 나를 힘들게 하는 이들보다 믿어주고 이해해 주는 사람들이 더 많다. 나이가 들면서 친구가 소중한 줄도 알게 되었다. 흉허물없이 지낼 수 있으면 더할 나위 없다. 다행히 나에게는 희로애락을 함께 나누는 친구가 있다. 지칠 때는 버팀목이 되어주고, 틈틈이 챙겨 주며 힘이 되는 위로의 말을 해줄 때는 고맙고 편안하다.

오늘도 매미 소리 자지러지던 여름과 함께 훌쩍 가 버린 사람을 떠올리며 마음이 휑해지는 걸 느낀다. 적지 않은 나이에도 일을 갖고 있을 만큼 건강하다는 사실에 감사하다. 이제는 사람이든 물질이든 욕심 없는 넉넉함으로 소유한 만큼 만족하며 소박한 생을 살아가고 싶다. 창밖 은행나무 잎도 무성하게 초록 잎새를 지워나간다.

아로니아 향기 풍기면

남편이 시골 텃밭에 아로니아를 심은 지 팔 년이 되었다. 토질 걱정 없이 아무 데서나 잘 자란다는 지인의 소개로 백 그루 넘게 심었다. 일 년에 한 번 잔가지 쳐주고 거름만 주면 된다고 했다. 시골에서 자란 남편이긴 하지만 늘 시골 일은 서툴렀다. 각종 유실수를 무질서하게 심은 후 꽃이 피고 열매가 맺어서야 겨우 나무 이름을 알 정도로 무려 오 년 넘게 여러 나무를 키웠다. 결국은 아로니아를 심기 위해 일부는 버리고 매실 살구 산수유는 밭둑으로 옮졌다. 이번에는 부직포를 깔고 줄도 세우고 간격도 띄어 제대로 심었다. 남은 땅에는 상추 깻잎 등 각종 야채도 심었다.

컨테이너지만 농막은 살림집으로 취사도 가능하고 갖출 것은 다 해 놓았다. 형제들이 모여 밭도 매고 시원한 그늘에서 넉넉하게 고기를 구워 먹으며 담소 나누는 장소로는 그저 그만이다. 시동생들이 하나둘씩 정년퇴직을 시작했다. 다들 부지런해서 정작 밭일은 남편보다 시동생들이 더 잘한다. 농장이라 이름 붙이기는 약소하지만 여름철이면 아로니아 수확이 풍성해서 형제들이 나누어 갖고 친한 지인들에게 인심을 쓰고도 남을 양이 되었다. 이것이 시발점이 되어 우리 형제들은 매달 회비를 거두고 모임도 갖게 되었다. 이름하여 '아로니아 형제계'다.

코로나 사태가 오기 전에는 분기별로 봉고차를 빌려 하루 나들이를 하며 형제간 친목은 더욱 돈독해졌다. 사는 것이 풍족하지는 않지만 인심만큼은 넉넉하여 주변에서 부러워할 만큼 잘 지내고 있다. 이런 생활이 십여 년도 넘었다.

나는 팔 남매 맏며느리로서 부모님 다 떠나고 나니 내가 대신 그 자리를 맡게 되었다. 막내 시동생이 총무 일을 야무지게 잘하고 있다. 연락이며 행선지와 먹거리 등 행사 준비가 척척이니 우리 내외는 이름뿐인 수장이다. 시누이도 둘 있지만 모두들 착해서 시누이 본색을 드러낸 일 없다. 동서들도 하나같이 심성이 고와 형제계를 기다릴 정도로 우애가 넘쳐 난다. 어느 집이든 누구 하나가 욕심을 앞세우면 우애는 멍들기 마련인데 서로가 나누어 갖기를 즐겨 하고 욕심내는 사람 없으니 천만다행이다. 이 또한 복중의 복이 아닌가 싶다.

친정에도 오 남매가 있다. 가끔 친정은 왜 이런 동기 간의 우애를 누리지 못하는가 싶어 안타까운 생각이 들었다. 친정도 시집 형제들처럼 모임을 만들어 우애도 쌓아가며 화목단결하면 좋지 않겠냐고 몇 번 운을 떼 보기도 했었다. 각자의 마음은 있었는지 모르지만 시도도 못 해보고 세월만 흘렀다.

큰오빠가 어려운 병마와 싸우다 이승을 뜨고 나니 집안의 대들보가 꺾인 셈이다. 아직도 큰오빠와의 이별을 받아들이기 어렵지만 이제부터라도 남은 우리가 주역이 되어 작은오빠와 동생 둘의 가족 단합을 위해 뭉쳐보기로 했다. 작년 연말에 서울에서 오빠와 동생이 내려왔다. 모두가 생선회를 즐기니 단골 횟집에서 싱싱한 제철 방어와 감성돔으로 점심 식사를 거나하게 차려 먹었다.

친정집 내림이 술이 센 편이다. 나는 운전을 위해 술을 들지 않았으나 형제들은 소주 여러 병을 비우고도 끄떡없다. 그들의 이야기는 종횡무진 끝 간 데가 없었다. 그간의 서운했던 이야기부터 시작하여 대화가 한창 무르익으면서 흘러가는 시간과 함께 분위기가 화기애애하게 돌아갔다. 이것이 형제간이고 핏줄인가 싶었다. 까마득한 얘기 속에 빠져들다 보니 몇 시간이 단숨에 지나가 버렸다.

예약된 상경 열차 시간에 맞추어 급히 역으로 달려갔다. 오빠와 동생을 보내고 막내와 같이 돌아오면서 짧은 만남에 대한 아쉬움도 많았다. 예전 같으면 으레 동생 집에 자고 가는 것이 당연시였다. 지금은 교통편이 좋아진 덕도 있지만 세태가 변해 동기간이라도 신세 지는 걸 꺼려한다. 문화가 바뀐 탓이라 생각하니 더더욱 짧은 만남이 아쉽다.

실은 나도 그렇게 바뀌어 가고 있다. 다들 생각이 이런 식으로 모아지니 자연히 두터운 정을 쌓을 기회는 멀어지고 줄어들 수밖에 없다. 소잡은 방도 마다치 않고 일가친척이 모여 대소사를 치르며 북적대던 옛 시절이 그립다. 인정과 우애는 부대끼며 생겨나는 것이다. 아무튼 우리의 일차 모임은 소기의 목적을 달성했다.

시집 형제들은 가까운 곳에 살다 보니 모이기도 쉽고 일찍 모이면 종일 함께 보낼 수가 있어 시간에 대한 아쉬움은 없다. 행여 아쉽게 느껴질 때가 있어도 다음 모임이 자동으로 예약되어 있으니 그러려니 한다.

중요한 것은 무엇보다도 건강을 유지해야 한다. 아무리 목적이 좋아도 건강을 잃으면 다 무너지기 마련이다. 우리의 짧은 인생, 어찌 보면 아로니아 풀잎에 맺힌 이슬과 같아 그야말로 잠시 잠깐이다. 나는 큰오빠 돌아가시던 그날 동기간 중에 누군가를 먼저 보내야 하는 슬픔이 얼마나 큰 것인지 알게 되었다. 당해본 자만이 느낄 수 있는 법이다. 친정의 화우 돈목을 위한 모임도 이제 출발하였으니 더 늦기 전에 남은 형제들을 이끌고 가야겠다고 다짐해 본다. 올해도 알싸한 향을 풍기는 아로니아 텃밭은 풍년이다.

달빛 바다

고요한 침묵 속에 '카톡' 하는 소리가 이른 아침잠을 깨웠다. 시원한 바다 다대포의 영상을 보니 피로가 확 가신다. 아이유의 달빛 바다 배경음악과 함께 올린 다대포의 요소요소가 잘도 소개되었다. 가슴이 뭉클할 정도로 찬란한 황금빛 일몰을 보면서 지는 해도 저렇게 고울 수가 있을까 싶다.

유년 시절의 다대포해수욕장은 백사장도 바닷물도 주변 다른 해수욕장에 비해 많이 열악한 편이었다. 그래도 숨은 명소임에는 진배

없다. 친한 친구가 가까운 곳에 살고 있어 시골스러운 분위기가 정겨워 여름 방학이면 자주 찾았다. 가끔은 지금처럼 잘 꾸며진 다대포가 아니라 자연스러운 원시림이 그립다. 태종대 역시 꼬불꼬불한 숲속을 헤치며 나무에 부딪칠세라 요리조리 피하면서 뛰어다녔던 언덕배기 배경이 눈에 선하다. 추억이 새로운 것은 나이 들었다는 증거이기도 하다.

지금 그곳은 소싯적 우리가 놀던 정경은 물론 아니다. 칠팔월 해수욕장 개장 기간 동안 축제 열기에 아름다운 조형물 휘황한 조명과 함께 공연도 곁들이면 볼거리 풍성한 불야성이 된다. 오랜 세월이 흘렀어도 스쳐 지났을 뿐 일부러 찾아가지는 않았다. 태종대도 몇 번 가 보긴 했으나 드라이브 코스로는 더할 나위 없는 멋진 곳이다. 두 곳 다 개발이라는 미명하에 접근성과 편의성은 좋아졌지만 추억을 더듬어 곱씹으려는 나에게는 매우 부적절한 정신적 자산의 손실이다.

여고 시절에는 친구들과 간간이 찾았었다. 배를 타고 들어가 해녀들이 물질하는 형상을 구경했다. 한참 보이지 않을 때는 초조하고 불안하여 마음 졸이기도 했다. 그러다 바구니 가득 건져 올린 성게를 비롯한 잡다한 해산물을 바위 아래 쏟아붓는 광경을 볼 때 무엇이 그리도 신이 났던지 조잘대던 친구들 모습도 저 바다만큼이나 그립다.

여고 졸업식이 있던 날이다. 친목을 도모한답시고 여섯 명의 친구들이 모임을 가졌다. 체구도 마음도 한창 성숙했던 한 친구의 구상으로 태종대 바닷가에서 일박을 했다. 우리는 아무런 준비도 없이 몸만 갔는데 그 친구는 달랐다. 야외 일박을 위한 완벽한 준비를 혼자서 해 왔다. 버너를 비롯한 먹거리 취사도구 일체는 물론이고 트랜지스터라디오 카세트테이프까지 부족함이 없었다. 미리 귀띔이라도 해주었더라면 무거운 짐을 덜 수도 있었는데 책임감이 강한 친구는 말없이 챙겨 왔던 것이다.

버너에 라면을 끓여 주었다. 지금처럼 좋은 품질은 아니었지만 야외에서 먹는 라면 맛은 남달랐다. 한 번도 경험해보지 못한 희열감이 일었다. 넋을 잃고 손 빠른 몸놀림을 신기한 듯 바라보았다. 가볍게 소주도 한 잔씩 곁들였다. 처음 마셔보는 술이었다. 친구들도 하나같이 얌전하고 순진무구파였다. 그러나 분위기가 고조되면서 술이 들어가니 전축에다 당시 유행하던 '노란 샤쓰 입은 사나이' 쌍쌍 메들리를 틀어 놓고 춤 삼매경에 빠져들었다. 타인들의 눈을 피해 조용한 곳을 찾아간 곳이 절벽 아래 자갈밭이었다. 모닥불을 피워놓고 그럴듯하게 기분을 살렸다. 볼륨을 최고로 올려 광란의 림보춤도 추면서 주동자인 친구를 중심으로 홀린 듯이 놀았다. 최고조의 기분에 들떠 있을 때 순경 두 명이 와서 남학생들이 있는가 보고는 조심하라는 한마디만 던지고 갔다. 여고생들이 겁도 없이 밤을 새운 것이다. 그것도 멀쩡한 교복 차림이었다. 졸업식 시즌이니 추위도 만만치 않았다. 흥에 취해 놀다 보니 저 멀리 바다와 하늘이 맞닿은 곳에서 일렁거리듯 붉은 태양이 희미하게 아침을 밝혀 주었다. 혈기 왕성한 젊은 기력인지 밤을 새운 피로도 잊은 채 밥을 지어 경황없이 먹었다. 밤이 새도록 우리들의 혼을 다 뽑아 놓은 간밤의 짓거리에 깔깔대느라 숨이 넘어갔다.

지금도 같이한 친구들을 만나면 그때의 놀이를 화제로 떠올린다. 어느새 세월이 오십 년도 훌쩍 가 버린 꿈만 같았던 추억에 살포시 입꼬리가 올라간다. 주동자였던 친구가 보고파진다. 생각날 때마다 수소문해 보았지만 찾을 길이 없다. 학창 시절 친구의 가정환경은 나만큼이나 어려워 보였다. 가끔 놀러 갔지만 초량동 골목골목을 헤집고 올라가는 언덕배기 판잣집이었다. 그래도 밝고 명랑했던 그녀의 근황이 더 궁금하다.

국민가수 나훈아 씨의 콘서트에 몇 번 가 본 적이 있다. 다가오는 부산 공연 티켓도 미리 구해 두었다. 공연 때마다 꼭 하는 멘트가 하나 있다. '내가 자란 곳은 부산시 동구 초량 2동 415번지'라고 익살스러운 말투로 코믹하게 툭 던지면 방청객들은 손뼉을 치며 환호한다. 나훈아 가수님의 콘서트를 볼 때면 친구가 더 생각난다. 살아만 있다면 언젠가는 만날 것이라 기대한다. 어디에 꼭꼭 숨어 사는지 건강하기를 기원한다. 휘영청 달이 뜨면 그날이 생각난다.

제4부
어디쯤 가고 있을까

수영강 운명

생일상

보이는 게 다가 아니다

그때 그 사람들

하필이면

작은 거인

어디쯤 가고 있을까

가을 나들이

이보다 좋을 수가

평온의 숲

몸의 세월

수영강 운명

사람들에게는 누구나 다 좋아하는 곳이 하나쯤은 있다. 도시에 사는 사람들에게도 시골에 사는 사람들에게도 어머니 품속 같은 포근한 보금자리 같은 곳을 그리워하며 산다. 그곳이 강이든 바다든 옛집이든 골목이든 자신에게는 특별한 장소가 된다.

내가 지금 살고 있는 수영강 변의 우리 집은 추억이 진하게 배인 곳이다. 어린 시절의 놀이터였던 이곳에 다시 둥지를 틀 줄은 상상도 못 했다. 열 살배기 꼬맹이가 양정에서 수영이 어디라고 십 리나 되는 그 먼 길을 쏘다니고 다녔다. 지금 와서 생각해 보니 마치 보이지 않은 누군가가 나를 이곳으로 인도해온 것 같다는 생각도 든다. 힘든 시절에 즐겨 찾았던 이 수영강 변을 나중에 자라서 내가 살 곳이라고 미리 보여 준 것 같은 운명의 신에게 매일 감사한다.

집안 형편이 어려워 초등학교도 중간에 쉬던 시절이었다. 여름이면 언제나 동생들을 데리고 양정에서 수영까지 걸어서 다녔다. 마땅히 타고 다닐 교통편도 변변치 못한 때였다. 당시에는 수영해수욕장도 있었고 수영비행장도 있었다. 지금의 고급 아파트 자리에는 부산을 대표하던 합판 산업의 메카로 원목이 즐비하고 제재소가 들어서 있었다.

나는 보기와는 달리 성격이 얌전한 척하면서도 계집애답지 않게 겁이 없는 아이였다. 사내아이들보다 더 모험적인 놀이를 즐겼고 집에서 수영강까지는 상당히 먼 거리였는데도 동네 마실 다니듯 쉽게 다녔었다. 큰 도로조차 거의 비포장도로로 말이나 소가 끄는 달구지가 최고의 교통수단이었던 시절이었다. 동네 또래 아이들을 꼬드겨 어머니 몰래 밖에서 망을 보게 하고는 옹기그릇에 꽁보리밥을 싸서 소풍 놀이를 다녔다. 강렬하게 내리쬐는 여름에도 먼지가 폴폴 나는 비포장도로를 걸어서 다녔다. 도로 옆 개울에 넘쳐나는 물고기를 맨손으로 잡으며 장난도 치고 세월아 가거라 하고 쏘다녔다.

이곳 수영강 끝은 바다와 닿아 있어서 예나 지금이나 물때에 따라 흐름이 다르다. 한번은 강을 건너는데 밀물과 썰물이 시간 차로 교대하던 참이었다. 그걸 모르고 강을 반쯤 건넜는데 목까지 바닷물이 차오르는 바람에 하마터면 물살에 휩쓸릴 뻔한 적도 있었다. 마침 건너편에서 낚시를 하고 있던 용감한 사내아이가 동생들이랑 차례로 구조하여 안전한 곳으로 데려다주었다. 나중에 알고 보니 그는 우리 동네에 살고 있던 오빠뻘 되는 남자아이였다.

수영해수욕장 모래밭에 옷을 벗어 놓고서는 산 하나를 넘어 광안리해수욕장을 넘나들었다. 어린 동생들도 누나를 따라다녔으니 참으로 용감한 남매들임엔 틀림없다. 한참을 놀다 집으로 돌아가는 길은 지치지 않을 수 없었다. 땡볕에서 하루종일 놀았으니 피부인들 온전했을까. 새까맣게 그을러 대문을 들어서면 어머니께 야단을 맞으면서도 다음 날이면 또 물길을 향해 가곤 하였다. 어쩌다 소달구지라도 얻어 타고 갈 때면 그날은 운수대통이었다. 위험천만한 길을 걸어 즐겨 찾았던 그곳이 내가 이렇게 살고 있을 거라곤 언감생심 꿈에도 생각지 못했다.

결혼해서 처음부터 단칸방살이를 전전하다가 열한 번 이사 끝에 내 집을 마련하게 되었다. 아이들 초등학교 시절에 처음으로 우리가 갖게 된 그 집은 열여섯 평 빌라였다. 그때는 아파트가 하나둘씩 생기던 시절이라 신식 아파트에 살아보는 게 꿈이었다. 남편과 나는 즐거운 상상의 그림을 그렸다. 작은방은 아이들 방으로 이층침대를 들여서 작은아이는 밑에 그리고 큰아이는 위에 자는 그림을 저녁마다 그렸다. 집을 살 만한 여유도 없었건만 매주 일요일이면 우리는 아파트를 보러 다녔다. 간절히 원하면 이루어진다는 옛말처럼 어느 날 우리가 그리던 그림대로 집이 마련되었다.

건설회사에서 일층 기초공사를 할 때부터 입주 때까지 남편이 퇴근해 오면 마치 공사 감독이라도 하려는 것처럼 매일 설레는 마음으로 현장에 가서 구경을 했었다. 이제 와서 생각해 보니 그때가 행복했던 시절인 것 같다. 아파트 입주도 우리 라인에서 일등으로 들어갔다. 공사 마무리 작업으로 계단 물청소를 하는 가운데 기쁜 마음으로 이삿짐을 날랐다. 좁은 평수였지만 방이 두 칸이나 되었고 거실도 있어 소파를 넣고 보니 딴에는 대저택이 부럽지 않았다. 당시의 심정은 나중에 큰 집으로 옮길 때보다 더 행복했었다.

상상만으로 수없이 그렸던 그림대로 아이들 방엔 이층침대도 들이고, 친구들 가운데 자가용도 제일 먼저 굴렸다. 회사에서 제공해 주는 차였지만 그때는 자가용이 귀한 시절이었기에 차를 끌고 시골 본가를 방문하면 사람들은 마치 개천에서 용 난 듯 신기해했다. 괜스레 어깨에 힘이 들어갔다. 우리는 주말이면 텐트와 코펠을 싣고 전국의 이름 있는 계곡을 찾아 물놀이도 하며 야외에서 즐거운 주말을 보냈다. 성장기 아이들에게 남부럽지 않게 아름다운 추억거리를 실어주었다고 자부해도 손색이 없을 것 같았다.

아파트 평수를 넓히면서 시백부님을 모셔왔다. 십 년을 함께 살면서 몇 년은 대소변을 받아내야 하는 간병을 치렀지만 정작 힘든 줄도 몰랐다. 좋아하시는 간식거리도 만들고 당연하게 편히 받아들였던 것 같다. 백부님께서 돌아가시고 수영강 옆의 새 아파트를 분양받아 이사했다. 친구 세 명이 집을 보러 다녔지만 각자 취향이 달라 끝까지 함께하지 못했다. 그때의 수영강은 강물이 오염되어 냄새가 심했지만 어릴 때 추억이 깃든 낯익은 장소였다. 친구들은 각자 기호에 맞는 집을 찾아가고 나만 여기를 택했다. 요즈음 수영강이 깨끗해지면서 내가 제일 좋은 곳을 찍은 셈이 되었다.

내가 살고 있는 단지 내에 일을 하고 있지만 일하는 것 자체를 고생이라 여겨 본 적은 없다. 일터가 곧 쉼터가 되고 나만의 공간이다. 사무실에 항상 손님이 붐비는 것은 아니다. 조용할 땐 독서를 하거나 글을 쓰고 교정하다 보면 하루해가 짧을 정도이다. 언제까지일지는 모르지만 건강이 허락하는 한 일을 그만둘 생각은 없다.

어려서 철없이 넘나들던 수영강 변에 아파트가 들어섰고 이곳에 평생 일터를 마련해 여생을 즐긴다. 나의 수영강 인연은 어쩌면 거역해서는 아니 될 운명이라는 생각이 든다.

생일상

오늘이 일흔다섯 번째 생일이다. 간밤에 맞춰둔 알람 소리에 여느 날보다 일찍 일어났다. 결혼 전에는 어머니의 생일 이틀 전이라 언제나 덤으로 미역국을 얻어먹었다. 어머니는 한 번도 내 생일을 제날짜에 찾아준 적이 없었다. 결혼하면 남편은 챙겨 주려나 의심 반 기대 반으로 살았지만 이 사람 또한 제대로 챙겨 준 기억이 없다. 그런데 늦복도 복이라고 며느리가 들어오고부터 아들 내외가 매년 잊지 않고 챙겨 준다.

몇 년 전부터 제날짜를 그냥 보내기 서운해서 셀프서비스로 내가 챙겨 먹기로 했다. 아이들은 나름대로 사회생활에 바쁘다 보니 생일 전 주말에 미리 다녀가는 것이 당연시되었다. 생일상을 받기는 했어도 따지고 보면 그날이 정작 생일은 아니었다. 그래서 나는 당일 아침부터 일찍 일어나 미역국을 끓이고 생선도 굽고 나물도 장만했다. 밥상 앞에 앉은 남편은 그때마다 오늘이 무슨 날이냐고 묻는 것이다. 생일이라고 내 입으로 불어야 하는 나도 웃어야 할지 울어야 할지 조금은 서운했지만 늘상 그렇게 지내 온 터인지라 그리 놀랍지도 않다. 새삼스레 섭섭해할 것도 아니고 그냥 '오늘은 내 생일이다.' 고 생각하며 기분 좋게 한상 차려 같이 먹었다. 노력해도 안 되는 것은 빨리 포기하는 것도 건강에 좋은 일이다.

오전 일찍 옛날 친구에게서 연락이 왔다. '생일 축하한다.'는 전화였다. 생일상을 내가 차려 먹었다고 친구에게 자랑했다. 아무렇지도 않은 듯 넘어갔으나 친구의 전화가 이리도 반가운 걸 보니 내심 속 깊은 곳에는 서운한 구석이 없지는 않았던 것 같다.

오십년지기 친구이다. 서로가 하는 일이 있어 자주 만나지는 못하지만 마음으로는 항상 곁에 있다. 나는 친구의 생일을 한 번도 챙겨 보지 못했다. 생일 날짜도 잊고 다시 알려고도 하지 않아 그에게는 무심한 친구임에 틀림없다. 하지만 속내는 그런 것이 아니다. 어렵게 살아온 친구여서 언제나 남은 여생은 좀 더 잘 살아 주었으면

하는 바람이다.

친구는 육십 넘어서 생일날 미역국을 먹으면 쓸데없이 오래 살아 주위에 민폐된다고 우스개로 말한다. 처음 들어보는 말이라 의아스러웠다. 좋은 세상에 불로장생약은 못 구할지언정 흔한 미역국이라도 세세연년 그날이 오면 부지런히 챙겨 먹고 오래오래 살련다 하면서 한바탕 웃었다.

사람이 살아가면서 노력만으로 안 되는 일이 참으로 많다. 지금은 일을 하고 있으니 생업에 바빠서 외로울 틈이 없지만 여유롭고 시간이 많았을 때는 병이 날 정도로 외로웠던 적도 있었다. 그 고통은 누구도 대신해 줄 수 없는 것이란 것을 일찍 깨달았다.

'마음이 없으면 갖가지의 일도 저절로 없나니 세상 모든 것은 오직 마음 갖기에 달려 있느니라.'고 원효대사께서 화엄경의 일체유심조一切唯心造를 설법하셨다. 외로움이란 감정은 인간이면 누구나 다 가지고 있다. 그것을 얼마나 잘 이겨내느냐에 따라 각자의 인생 성취에 차이가 난다. 세파의 고통을 혼자서 버티고 있으면 쉽게 무너진다. 이겨내기 힘들면 어떤 것이 옳은 길인지 마음 맞는 친구를 찾아 의논도 해보고 취미생활도 하면서 수다 떠는 것도 치료의 한 방법이 아닐까.

나의 일터에 찾아오는 손님들 가운데 우울증이 아닐까 할 정도로 심하게 외로움을 타는 사람들이 종종 있다. 내 경험담을 터놓기도 하고 그분들의 속 깊은 이야기를 진지하게 들어 주기도 한다. 다행히도 나는 주위에 좋은 친구들이 많다. 그들 덕분에 누구보다 잘 살아 오지 않았나 싶다. 그러나 이 나이 되고 보니 하나둘씩 뜻하지 않은 병으로 다시 볼 수 없는 세상으로 가 버렸다. 떠나간 친구의 추억이 묻어나는 곳을 찾아 헤맨 적도 수없이 많았다. 친구를 먼저 보낸다는 것이 말년에는 적잖은 충격이기도 하다.

하지만 인간은 망각의 동물이다. 망각은 어찌 보면 신이 내린 부담 없이 누릴 수 있는 명약이 아닌가 싶다. 이제 칠순하고도 다섯 번째 생일을 맞고 보니 감회가 새롭다. 먼저 간 친구들 생각으로 잠시나마 감상에 젖어 보았다. 남은 여생을 더욱 매진하자는 각오와 함께 나를 응원하며 생일상 고봉밥을 비운다.

보이는 게 다가 아니다

여고 동기회 친구의 전화를 받았다. 동기회장을 돌아가며 맡아야 하는데 이달 유월이 우리 반 차례라며 걱정스러운 목소리로 부탁한다. 학창 시절에는 한 반에 육십여 명씩 여덟 반이었다. 돌아가며 회장을 맡아도 십 년에 한 번도 어렵다.

사십 대 불혹의 나이인 졸업 이십 주년 홈커밍데이 때 초대 회장을 했으며 삼십 년이 넘어서 어쩔 수 없이 또 맡게 되었다. 이제는 나이가 들고 보니 먼저 간 친구들도 더러 있고 건강이 여의치 못해

바깥출입이 어려운 이들도 늘었다. 능력 있는 친구들은 많지만 허리 다리 아프다는 핑계로 책임을 맡는 자리는 지레 겁을 낸다. 그래도 내가 좀 육신이 싱싱한 편에 든다고 굳이 추켜세우는 바람에 떠밀려 얼떨결에 승낙하고 말았다.

학교 다닐 때만 해도 말수가 적었다. 친구들은 나를 조용한 성격으로 알고 있다. 지금도 외면만 보고는 나의 기질을 전혀 예상치 못하는 지인들이 많다. 그러나 중학생 때는 전국체전에 학교 대표로 달리기와 투포환 및 원반던지기 선수로 체육부장까지 하는 등 활동성이 남달랐다.

내가 다녔던 여고는 개교 130여 년으로 역사와 전통을 자랑한다. 3·1운동 때 앞장서서 만세운동을 주도한 선배님들이 있었는가 하면 대한민국을 빛낸 쟁쟁한 여성들도 많다. 그래서 동창회가 있는 날은 참석 인원이 천여 명도 넘는 큰 행사가 진행된다.

사십 대에 서울에서 개최되는 재경동창회에 참석하기 위한 우리 기수만도 관광버스 한 대가 부족할 지경이었다. 다들 빼딱구두에 미니스커트를 한껏 차려입고 서울까지 장장 네 시간 이상의 거리임에도 뛰고 굴리며 가무를 즐기느라 자리에 한 번 앉지를 않았다. 나도 내가 그렇게 흥이 많은 줄 몰랐다. 그날 이후로 나는 친구들 간에 찍혀서 노는 데는 어느 모임에나 잘 어울리는 약방의 감초 같은 존재가 되었다.

자랄 때 곱디고운 어머니가 동네 분들과 나들이 갔다가 뒤풀이는 꼭 우리 집 마당에서 했다. 어머니가 장구 장단에 맞춰서 신들린 것처럼 노는 장면이 창피했다. 치마를 잡고 말리기도 하고 눈을 가리고 보지 않으려고 울기까지 했다. 그러던 내가 지금 그때의 어머니 모습을 그대로 재연하고 있을 줄은 꿈에도 몰랐다.

젊어서는 남편의 친구 부부 모임도 잦았다. 연말이면 클럽에서 회원들과 한바탕 음주가무의 즐거운 밤을 보냈다. 끼를 숨기지 못하고 대열에 어울려 놀다가 남편 눈 밖에 나서 혼난 적도 있다. 다른 사람들이 즐겁게 놀아도 가만히 자리보존하고 있어야만 하는 신세가 되었다.

그러다 어느 단체 모임에서 부부 동반으로 버스 두 대를 대절하여 일일 관광을 했다. 다들 흥겹게 돌아가는데 나도 그만 흥취를 참지 못해 한판 어울렸다. 남편은 그런 장면이 그리도 싫었던지 몇 번 나가다가 모임에서 아예 탈퇴를 해 버렸다. 어릴 때 어머니가 놀던 것을 싫어했듯이 남편도 마누라 설치는 꼴이 마음에 들지 않았던 것 같다. 그 뒤로 부부 동반 모임에는 지극히 얌전하게 앉아만 있었는데 그것도 스트레스였다. 사람이 흥에 겨운 분위기가 되면 같이 흥도 맞추어 가며 사는 게 공동생활의 덕목이 아닌가. 혼자만 무게 잡고 있는 것도 일행에게 민폐가 될 수 있다. 도덕적으로 비난받을 일이 아니라면 후회를 쌓지 않는 것도 성공한 인생이라 본다.

나는 지금껏 무엇을 시작하면 남다른 열정을 쏟는다. 전업주부로 있을 때 제일 먼저 배우기 시작한 것이 서예이며 어느 작은 대회에서 입상도 했다. 일본어도 십 년 넘게 공부하던 중 일본인을 맞이하는 중요한 단체 모임에서 앞장서서 해설사로 일한 적도 있다. 일본어 공부를 마치고 다음 시간이 역학이었다. 내 운명을 내가 아는 것도 나쁘지 않을 것 같았다. 할수록 어려워 이름 있는 선생님을 찾아다녔던 것이 어느덧 십 년 세월이 되었다. 그 전에 노후생활에 대비해 공인중개사 자격증까지 따 두었다.

살아온 내 운명을 내가 풀어 봐도 어렸을 때는 고생문이 훤한 사주를 타고났다. 그나마 노후가 편할 거라고 나왔으니 어쩌면 사주팔자대로 맞게 살아가고 있는 듯하다. 내가 나를 알게 되면 타인을 원망할 수 없게 된다. 처음에는 받아들이기가 쉽지 않았지만 나는 힘들 때마다 누구도 원망하지 않는다. 그러면서 웬만한 것은 타고난 팔자려니 하고 편하게 생각하는 것도 명리학을 공부한 덕이 아닐까 한다.

피할 수 없는 운명이라 이십 년 넘게 중개업을 하다 보니 여러 사람을 접하게 된다. 동네 사랑방 이바구 자리이기도 하고 인생 상담소 겸 나의 독서실이기도 하다. 다양한 손님들이 있으니 항상 말조심도 명심해야 한다. 사생활 이야기를 털어놓고 가는 편한 분들도 있고, 때로는 몇 시간이나 푸념을 들어 주어야 해서 지루할 때도 생긴다. 간혹 행동이 이해가 안 되는 어려운 손님들도 있지만, 세상엔 좋은 분들이 더 많을 거라는 생각으로 위안을 삼는다.

재산을 다루는 예민한 직업이니 방심해서도 안 된다. 한자리에서 오랜 세월 하다 보니 이웃분들이 손님이고 또 손님이 손님을 불러온다. 고마운 분들 덕분에 나이 의식하지 않고 잘살고 있으니 아침에 눈 뜨면 오늘도 건강함에 감사 기도부터 한다.

잘난 사람 못난 사람도 알고 보면 다 거기서 거기인 것 같다. 사람들은 겉만 보고 이런 일을 할 사람 같지 않다고 한다. 하지만 내면에는 남모르는 냉철함도 있으면서 내숭도 떨 줄 알고 때로는 감정이 넘치기도 한다. 나 역시 다른 사람과 다를 것 하나 없다. 보이는 게 다가 아닐 뿐이다.

그때 그 사람들

삼국시대의 토성이 있었다는 배산을 뒤로하고 양지바른 자리에 양지아파트가 있다. 오 층짜리 세 동이 아담히 솟아올랐는데 아파트가 귀한 시절에는 제법 알아주었다. 그곳에서 아이 둘은 초등학교를 마쳤고 나는 삼십 대 젊음을 보냈다. 넉넉한 인심 속에서 인생의 희로애락을 보낸 잊을 수 없는 추억의 동네이다. 백 세대 가까운 소규모였지만 이웃 간의 친목은 남달랐다.

간혹 나이 많은 분들도 있었지만 거의 삼십 대에서 사십 대로 남자들은 한창 일할 원기 왕성한 나이였다. 아이들도 고만고만한 또래들이 한 집에 두세 명은 되었다. 직업도 다양했다. 교직에 몸담은 부부 교사가 있는가 하면 은행원에서 일반 직장인들까지 인간 시장이 따로 없었다. 우리는 거기서 새로운 사업을 시작해 꽤 잘 나가는 축에 들었다.

아파트 단체 모임을 만들어 주말이면 가족들과 전국 여행지를 다니며 휴식을 즐겼다. 관광버스를 대절해 명산 계곡을 두루 찾아 하루를 즐기기를 오랫동안 유지해 왔다. 여름 방학 때였다. 몇 팀이 함께 울진의 불영계곡을 갔다. 바위들이 이십억 년 전에 만들어진 편마암으로 이루어졌다. 동해로 흘러나가는 수십 리 계곡이 말 그대로 장관이었다. 계곡의 물이 고여서 얕은 호수처럼 되어 있는 곳에 우리 일행은 텐트를 치고 일박을 했다. 보름달이 밝은 호수에서 여자들은 옷을 입은 채 물에 뛰어들어 놀면서 선녀탕이라 불렀다. 낚시를 즐기는 일행 한 분 덕에 피라미를 비늘만 쳐내고 고추장에 찍어 먹어도 그 맛은 산해진미가 부럽지 않았다.

굽어진 계곡과 특이한 형태의 부처바위, 사랑바위 등 괴석들이 어우러져 빼어난 경관을 자랑하는 곳이다. 석류 동굴 안의 종유석이 자라는 곳을 아이들에게 체험학습도 시켰다. 다음 해는 하동송림공원에서 일박을 하며 모래찜질도 했다. 모래가 얼마나 뜨거웠던지 발을 디딜 수가 없을 정도였다. 밤에는 모닥불을 피워놓고 기타 반주로 흥을 돋워 박인희의 대표곡 '모닥불'을 합창하며 밤이 깊어가도록 즐겼다.

지금은 많은 편의시설도 갖추어져 있고 아이들과 함께하는 놀이시설도 잘 되어 송림공원의 산책로도 명소로 손꼽히고 있지만, 당시는 사람의 손길이 가해지지 않은 자연 그대로의 원시림이었다.

엄마들 모임도 따로 있었다. 사철마다 먹거리를 준비해서 계곡을 찾아다니며 밥도 해 먹고 소풍을 즐겼다. 모임 중에는 돼지띠 네 명이 유독 친하게 지내다 보니 사진도 가장 많이 남아 있다. 어떤 사진은 통도사 계곡 돌다리에 줄지어 앉아 찍었는데 한 명이 폼잡는다고 일어서는 바람에 목이 잘려 나갔다. 그 사진을 보고 배꼽이 빠지게 웃기도 했다. '폼생폼사'라더니 정말로 폼에 죽은 것이었다. 그때는 웃을 일도 참 많았다. 어려우면 먼저 나서 도와주고 서로 나누어 먹었던 인심 좋은 이웃이었다. 나는 틈나는 대로 공부도 하고 다양한 취미생활도 했다. 위장병으로 고생은 하였지만 그래도 이웃이 좋아 즐기며 살았다. 이 모든 것이 젊어서 가능하지 않았나 싶다.

이웃에 친한 형님이 있어 팔공산 갓바위 절에 나를 데리고 다녔다. 갓바위에 계신 약사여래부처님이 아픈 사람을 낫게 해준다고 하여 틈만 나면 따라나섰다. 절을 모르고 살던 내가 그때부터 부처님을 믿고 의지하게 되었다. 그래서였는지 세월 따라 병이 호전되니 자연히 나도 부처님을 열심히 찾게 되었다.

십여 년 남짓 사는 동안 이웃 사람 중에는 다른 지방으로 이사 가는 분들이 더러 생기기 시작했다. 제일 선도에 서서 주동하신 김 선생님이 세상을 뜨면서 동네 전체에 많은 변화가 일었다. 남은 사람은 각자가 흩어져도 따로 모임을 갖고 여우처럼 밤에만 모인다고 해서 '야시계'라고 이름 붙여 만남을 유지해 왔다. 술 좋아하고 유머 감각이 남달리 뛰어나 끝도 없는 소재로 와이담을 즐기던 조 교장 선생님이 있었다. 이에 지지 않고 맞장구를 쳐 주던 따스한 봄날 같던 이순 씨 등 늘 마음속에 맑은 그리움으로 자리하며 인생의 참 벗으로 지내왔다.

세월도 무심한 것이 나이도 많지 않은 남자분들이 여자 한 명과 같이 차례로 떠나고 남은 가장은 우리 남편뿐이다. 자연히 모임도 해체되었다. 돌이켜 보면 더없이 좋은 이웃이었고 한없이 즐거운 시절이었다. 지금도 그때 그 사람들이 보고 싶고 그들과 나누었던 사람 사는 훈기가 진정으로 그립다.

하필이면

만우절이다. 베트남에 주재원으로 있는 둘째아들과 며느리가 부산 단골 횟집에서 봄맛에 제격인 봄 도다리와 줄돔회를 주문했다. 양념과 야채 세트도 배달되었다. 참 좋은 세상에 살고 있다. 외국에서 전화 한 통으로 속달 배송이 가능하다. 맛있게 먹고도 남을 정도로 많은 양이어서 가까운 곳에 사는 남편 친구를 불러서 며느리 자랑도 살짝 곁들였다. 오후에 아들로부터 결혼기념일을 축하한다는 국제전화를 받았다. 우리도 모르고 지나쳤던 기념일을 자식으로부터 챙겨 받으니 감회가 새로웠다.

53주년 결혼기념일이다. 제대로 챙겨 보지 못한 날들이었다. 생일날도 결혼 전에는 어머니 생신 이틀 앞이라 덤으로 지나갔다. 출가 후에는 남편이 기억하려나 은근히 기대했지만 무심하게도 매회 그냥 넘어갔다. 어느 해는 며칠 전에 달력에 빨간 색연필로 동그라미를 쳐서 눈치를 주어도 진작 그날은 무심히 지나기를 오십 년도 더한 세월이 흘렀다. 그게 그리도 어려운지 섭섭하고 야속한 마음이 들 때가 많았다.

하필이면 만우절날 결혼을 했다. 음력으로 날을 받다 보니 그날이 되었다. 사전을 찾아보니 만우절은 '가벼운 거짓말로 서로 속이면서 즐거워하는 날'이라 한다. 사실 우리도 거짓말 같은 결혼을 했다. 신부가 결혼 전날 도망가려고 서울행 열차표를 끊어서 남는 시간에 가방을 챙기러 집에 들렀던 것이 발목 잡혀 지금까지 아들 둘 낳고 살고 있다.

어느 날 마음에 둔 사람으로부터 만나자는 연락을 받았다. 설레는 마음에 옷이 흠뻑 젖을 정도로 장대비가 오는 날 저녁 약속 장소에 나갔다. 만나자마자 그는 자기 친구 사진을 보여 주며 친구를 소개한다는 것이다. 기분이 몹시 언짢았다. 친구를 데리러 나간 사이에 찻집을 나오다가 문 앞에서 건장한 청년과 마주쳤다. 홧김에 보란 듯이 만나게 된 사람이 지금의 남편이다.

여고생 때는 부잣집 입택 가정 교사로 지내다가 토요일이면 집에 왔다. 나는 장래에 교육자가 되는 것이 꿈이었다. 대학 진학이 어려워 한 해 학비를 벌어서 가려고 준비하던 중에 남편을 알게 되었다. 그 꿈을 접고 남편을 일찍 알게 된 것이 내 일생의 착오였다. 이루지 못한 꿈 때문에 항상 가슴에 돌덩이를 안고 살았다. 결혼을 남편이 서둘러 나는 멀리 도망치려고 했다. 어느 날 시아버님 되실 분이 찾아와 집에 좀 와 달라는 부탁을 거절 못 하고 간 것이 사단이었다. 식음을 전폐한 채 누워 있는 청년이 무슨 사고라도 칠 것 같았다. 공부도 계속하게 해주겠다고 철석같이 약속하며 결혼을 다그쳤다. 우리 형편에 결혼할 처지도 아니었고 어머니는 마지못해 궁합을 보고 왔다. 둘이 만나면 딸의 명이 짧다는 점괘로 어렵다는 입장을 밝혔다.

시아버지는 일주일 내에 혼인 날짜를 잡아 통보가 왔다. 시아버지 되실 분의 부름에 나갔더니 당시 유행하던 밝은 초콜릿색 모직 코트와, 순금 쌍가락지까지 사 줘서 얼떨결에 받아 왔다. 어머니는 그게 어떤 것인 줄 알고 받아왔느냐며 몹시 당황해했다. 멋모르고 받아 온 것이 우리 집에서는 초비상이 걸렸다.

우왕좌왕 끝에 날짜는 흘러갔다. 오빠들의 반대가 심했지만 어머니는 진행을 했고 나는 도망갈 궁리만 했다. 인생이 꼬인 건지 피할 수 없는 인연이었는지는 모르겠지만 집에 와보니 남편이 예단 음식을 가지러 와있었다. 살짝 앞산으로 불러냈다. 결혼 취소를 전달하고 돌려보내려고 설득했다. 어리석고 무모한 행동인지는 알았지만 그때는 그게 옳다고 생각했다.

우여곡절 끝에 결혼식을 올린 날이 만우절이다. 본가는 경주이고 자식이 없는 큰시백부님이 부산에 살았다. 팔 남매 중 맏이인 남편을 양자로 정해 놓은 큰집에서 시집살이를 했다. 위채에는 백부모님이 살았고 직장이 부산인 시아버지는 아래채에 우리와 함께 살았다. 경주 시골 본가에는 농사를 짓고 있는 시어머니와 동생들이 있었다.

드라마 같은 결혼 생활이 시작되었다. 종일 집안일에 쉴 틈 없는 시집살이였다. 곧 여름이 되었다. 그 시절 어른들은 모시와 삼베옷을 입었다. 아침에 빨랫거리가 한 짐이 나오면 빨아서 풀을 먹여 다림질까지 마치면 해가 서산에 걸렸다. 결혼하고 한 달 만에 아이가 생겨 입덧만으로도 힘이 들었다. 시아버지는 학업 약속을 지켜주지 않았고 어린 새댁의 하루하루는 힘들고 고달팠다. 속았다는 기분이 들기도 했지만 후회하기에는 돌이킬 수 없는 날들이 흘러갔다. 어리석었던 순간의 선택에 꿈도 사라졌고 주어진 여건에 적응하며 숨 가쁘게 살아갈 수밖에 없었다. 남편은 교통비만 나오는 대기업 실습생이었다. 수입이 없으니 시아버지께 생활비를 타서 쓰는 게 비참할 정도였다.

일 년 실습 기간을 마친 남편이 울산으로 직장을 옮겼다. 남편이 없는 사이 시아버지의 시집살이는 기억에서 지워버릴 정도로 힘들었다. 밤마다 불러놓고 만삭이 다된 며느리를 새벽까지 머리맡에 꿇어 앉혀 놓았다. 여자의 행실과 며느리의 도리를 물으면 답을 해야만 했다. 묻는 말에 또렷이 답하지 못하면 고등학교 때 돌아가신 친정아버지를 들먹였다. 아버지 없이 자라 배은망덕하다는 말을 듣는 게 가장 힘들었다.

지금은 이 세상에 안 계시지만 주말이면 오는 남편을 새벽까지 붙들고 바둑 두면서 종일 힘들게 보낸 만삭의 며느리를 옆에 두고 어른이 자기 전에는 한숨도 못 자게 했다. 이해하기 힘든 고문이었다. 그때는 왜 그러셨는지 야속하기만 했다. 이 나이가 되고 보니 사십 대 초반에 시아버지가 되셨으니 며느리를 대하는 방법이 부족하셨던 게 아닌가 싶다. 그래도 세월이 훨씬 지나 돌아가실 때까지는 한없이 너그러우셨다. 어려운 생활 속에서 생일이며 결혼기념일을 챙길 엄두도 못 내다보니 습관처럼 무심히 넘어갔다. 지금은 아이들이 잊지 않고 챙겨 주니 얼마나 홍감한지 모른다. 만우절은 애환이 서린 잊을 수 없는 날이다.

작은 거인

여기저기 현수막이 나풀거린다. 오월 첫 주말에 부산 KBS방송국에서 가수 정동원의 콘서트가 있었다. 싱그러운 나뭇잎에 어울리는 녹색 옷을 입은 팬들이 콘서트장에 오월의 숲같이 연초록 물결을 이루었다. 내가 응원하는 가수의 상징색도 내가 좋아하는 색깔도 모두 연두색이다. 이틀 동안 버들잎을 닮은 연두색 옷을 입고 동참했다.

언제부턴가 나는 소년의 팬이 되었다. 새삼스레 삶의 의미를 챙겨 주기라도 하듯 생기 넘치는 어린 병아리 미스터 트롯의 막내 가수에게 꽂혔다. 콘서트가 있는 날이면 새벽잠도 설치고 약속된 장소로 뛰쳐나간다.

지난겨울, 서울 세종문화회관에서 사랑하는 가수의 콘서트가 있는 날이었다. 멋있게 단장하고 행사장에 참석하기 위해 팬 모임에 갔었다. 열댓 명의 팬들이 버스 한 대로 이동해 가는데 내가 제일 연장자였다. 그래도 팬심만큼은 젊은 누구에게도 뒤지지 않는다. 칠순 넘어 이 나이 되도록 살아오면서 어떤 연예인에게 푹 빠져보기는 처음이다. 그것도 십육 세밖에 되지 않은 최연소 트로트 가수다. 실시간 폰에 하트도 모으고 노래도 스물네 시간 스밍해서 타 가수의 순위에 뒤처지지 않게 점수를 올려 준다. 그를 생각하고 떠올리는 것만으로도 가슴이 벅차다. 팬심이란 이런 것인가 싶다.

서면 대형 서점 앞에서 버스가 출발하기로 되어 있었다. 혹시나 늦을세라 택시를 기다렸지만, 오지 않아 조급한 마음에 지하철을 탔다. 생각보다 일찍 도착해 다행이었다. 묻고 물어 대기하고 있는 버스에 오르니 일행들이 거의 다 와 있었다. 왁자지껄 떠들썩하니 여행 기분이 물씬 났다. 회비를 걷어 치르는 행사이긴 하지만 열성 봉사자 한 분이 먹거리를 많이도 준비해 나누어 주었다. 장장 다섯 시간이 넘는 긴 이동 시간임에도 가수님 이야기에 지루할 겨를이 없었다.

삼십 대에서 칠십 대까지 다양한 사람들이 팬심으로 한마음이 되었다. 표정들이 어쩌면 그리도 즐거워 보이던지, 단잠을 설치고 왔어도 차량 내에서 아무도 졸지 않았다. 행복 바이러스가 철철 넘쳐나니 비타민이 따로 없다. 이것이 우리 삶의 활력소가 아닌가, 누가 이들을 이처럼 행복하게 해줄 수 있겠는가. 생각만으로도 기분 좋은 사람은 곧 우리들의 영웅, 작은 거인임에 틀림없다.

드디어 세종문화회관에 도착했다. 시간은 충분했다. 수천 명이 기다리며 설렘으로 들떴다. 공연이 시작될 때까지 지루함이란 찾아볼 수 없었다. 노년에서 중년의 부부도 있었고 젊은 남녀는 물론이고 어린아이까지 나이를 가늠하기 어려울 정도로 팬들이 층을 이루었다. 코로나 사태로 검열이 엄격했지만 미리 공지 사항을 알고 완벽한 대비를 갖추어서 한 명도 퇴장 없이 입장은 순조로웠다. 주최 측이 시키는 대로 질서정연하게 줄을 지어 차분히 관람석에 앉아 공연의 막이 오르기를 기대하였다. 공공질서를 지키는 팬들의 수준은 문화인으로서 교양이 넘치는 것은 말할 것도 없다. 조용히 숨죽이며 작은 거인의 등장을 기다렸다.

이윽고 휘황한 조명으로 탄성이 절로 나오는 당대 최고의 오케스트라와 가수님의 밴드 음악이 잔잔하게 흘러나왔다. 오늘의 주인공이 서서히 무대로 올랐다. 녹색 마이크를 들고 시작된 노래가 공연장을 압도했다. 우리 모두는 하나같이 환호성을 토하며 풀빛 전광봉을 흔들어 화답하였다. 한 곡 한 곡이 끝날 때마다 우레 같은 박수 소리가 객석을 찢어놓았다. 저 어린 꼬마 가수에게 전국에서 모여든 오천여 관객의 팬심이 홀딱 빠져 녹아든 것이다. 어제보다 오늘이 오늘보다 내일이 더 찬란할 트로트계의 천재임이 틀림없다. 불과 이 년 사이에 훌쩍 자랐다. 키와 외모가 준수해진 것은 물론, 무대를 이끌어가는 재치와 춤도 세련됐고 색소폰 연주도 훌륭했다. 어른을 능가할 정도의 입담은 분명 무한한 가능성을 갖춘 국민 대중가수로의 희망이다. 이제는 영화와 드라마까지 발을 넓혔다.

사춘기와 가장 중요한 변성기를 무리 없이 잘 이겨내고 있다. 그를 아끼고 사랑하는 팬으로 이만한 다행이 없다. 그는 이미 대한 국민의 마음속에 둥지를 튼 국민 동생이고 국민 아들이다. 지금처럼 성장하여 모두를 아우르는 국민 가수가 되기를 믿어 의심치 않는다. 탄탄대로만이 펼쳐지기를 진정한 팬심으로 기도드린다.

뮤지컬도 멋지게 해내었다. 마지막 곡으로 '할아버지 색소폰'을 마무리하던 모습은 대견하기까지 했다. 그날이 할아버지 기일이라고 목멘 슬픔을 꾹꾹 눌러 담고 열창하는 모습에 함께 눈물지었다. 가창력도 훌륭했지만 청중을 이끄는 무대 매너의 매력에 푹 빠져버렸다. 관중들은 하나같이 그의 일거수일투족에 박수로 답하며 열광했다. 공연이 끝나고도 기립 박수갈채는 그치지 않았다.

속절없는 세월 속에 오늘의 가수님은 벌써 십칠 세의 말쑥하고 세련된 청년이 되었다. 변성기도 자리 잡았고 멋지게 성장하여 외모가 아이돌급에 뒤지지 않는다. 할아버지의 손에 이끌려 시골 장터 공연장을 기웃거리던 가녀린 소년이 최고 가수로 탄생되었다. 대단하신 할아버지였다. 그러나 손자가 본격적으로 전국적인 명성을 드날리기 직전에 지병으로 운명을 달리했다.

그럼에도 어린 손자가 훌륭히 자라 성대한 공연을 하고 다닌다. 오늘도 내일도 죽죽 자라서 민족 고유의 트로트 정서를 세계만방에 알릴 그날이 오기를 기대해 본다.

어디쯤 가고 있을까

오빠가 가신 지도 삼 주가 지났다. 형제들은 서로 침묵만 지키고 있다. 먼저 말을 꺼내면 슬픔이 폭발할 것이 두려워서인지 아무도 말을 꺼내려 하지 않는 눈치다. 나는 금방이라도 터질 것 같은 눈물을 참으며 일상생활을 바쁘게 보내는 중이다. 만약 하고 있는 일이 없다면 하루하루를 울며불며 보내고 있을지도 모른다. 오빠가 이리도 사무치는 가운데 삼시 세끼 밥이 꾸역꾸역 넘어간다는 게 신기하다. 어쩌면 일상의 평온을 차츰차츰 되찾아 가고 있는 과정임에 틀림없다고 반문해 보기도 하였다.

수필반 회장님께 장례식 동영상을 보내드렸더니 해동용궁사 풍광을 배경으로 멋지게 편집하여 국악인 김영임의 '가야지' 노래와 함께 보내오셨다. 이 영상을 보고 너무 슬퍼하지 말라는 당부의 말씀까지 곁들여 주시니 얼마나 고마운지 모르겠다. 그 어떤 선물보다도 값진 보배로 여기고 두고두고 수시로 생각날 때마다 꺼내 볼 것이다. 하지만 슬퍼 말라 하던 그 말씀은 당분간 지킬 수가 없을 듯하다.

그렇게 생각하니 별안간 슬픔이 솟구치고 눈물이 봇물처럼 터져 나와 견딜 수가 없다. 차를 몰고 용궁사로 달려갔다. 내 나이 마흔 넘어 가장 사랑했던 친구를 잃었을 때도 이처럼 빗속을 헤매고 다니지 않았던가. 하늘도 내 슬픔을 알기라도 하는 듯 장대비가 쏟아져 내리는 것이다.

우렁찬 파도 소리가 법당을 통째로 삼키기라도 할 듯한 기세이다. 천둥 번개와 함께 비바람이 세차게도 몰아친다. 저 성난 파도를 바라보고 있노라니 바다 건너 저 길이 오빠께서 가고 있는 저승길인 양 걱정이 앞섰다. 저리도 험한 파도를 어떻게 건너가며 그 멀고도 거친 길을 잘도 가고 계시는지, 또 다른 문제는 없는지 한 번도 가본 적 없는 길을 지금은 어디쯤 가고 있는지. 대중가요 노랫말 가운데 '산 넘고 물 건너서 혼자 가야지'라는 구절이 생각났다. "오빠 가시는 저승길이 아무리 외롭고 힘들어도 끊어진 이승 인연을 다시 이을 수는 없으니 미련 두지 마시고 뒤돌아보지도 마세요." 나는 빌고 또 빌었다. 우리 오빠 황천길이 극락정토 찾아가는 꽃길만 같게 해 달라고 슬픔을 누르고 합장하였다.

생전에 오빠께선 날 위로한답시고 "저승사자도 내 데려가면 귀찮아서도 빨리 안 데려갈 꺼다. 저승사자가 오면 내 알아서 갈 테니 오지 말라고 할게. 어떻게라도 견뎌 내려고 최선을 다하고 있다. 걱정해 줘서 고맙다. 사무실은 에어컨 잘 나오나? 건강 조심해라." 대체 누가 누구를 위로하는지 모를 말씀을 문자로 보내주셨다. 오빠 말대로 장군이 가시는 길이라 저승사자도 장례식 때처럼 예우禮遇해서 모셔갈까. 그렇게 좋은 길을 가셨으면 좋겠다. 부질없는 생각은 내 오빠이기 때문에 부려 보는 나만의 욕심일 것이다.

드세게 몰아치는 파도 소릴 뒤로 하고 해동용궁사 백팔계단을 올라왔다. 그리고 한걸음에 자유시장으로 달려갔다. 사십구재 막재 올릴 때 영전에 바치기 위한 꽃을 사러 갔다. 가시는 길이 험난한 가시밭길이 아닌 꽃길이길 바라는 간절한 마음을 담아 큰 화환 두 개를 만들었다. 카라, 백합, 하얀 소국과도 잘 어울리게 푸른 잎을 밑받침해서 전문가의 솜씨로 한 시간 남짓 공들여 모두 만들어졌다.

돌아오는 내내 무심한 장대비는 그칠 줄을 몰랐다. 곳곳의 큰길 상가에서는 가게를 덮친 물을 퍼내느라 부산했다. 도로 중간중간에 바퀴가 잠길 정도로 쏟아져 내렸다. 오후 다섯 시밖에 안 되었는데도 어둑발이 내리기 시작했다. 아마도 먹구름 탓이리라 생각하며 사찰 가까이 다다르니 빗길에 막힌 차량들로 예상보다 한 시간도 더 걸려 도착하였다. 그런데 신기하게 같은 하늘 밑인데도 여기는 소나기가 언제 지나갔나 싶을 정도로 조용했다.

오빠 영전에 방금 만들어 온 화환을 올렸다. 사진과도 화사하게 잘 어울렸다. 마치 나의 이 정성을 알아보고 미소 짓는 것 같아 나도 눈을 감고 화답하였다. 예쁜 꽃길을 가고 있는 듯하여 내 마음도 더없이 평온해졌다. 오빠의 활짝 웃는 모습이 눈앞에 아른거린다. 가만히 손을 들어 흔들어드렸다. 이승에 대한 미련은 티끌만큼도 두지 말고 극락에서 영면하시라 진심으로 기도 올렸다.

"이제는 훠이훠이 갈 길 가옵소서, 이렇게 놓아 드릴게요."

소국이 등불처럼 환하다.

가을 나들이

오랜만에 여고 동기생 삼십여 명이 일박이일 가을 나들이에 나섰다. 코로나 시국으로 많이도 참았던 여행이었다. 몇 달 전 친구들의 열화 같은 만장일치로 잡아둔 여행 날짜가 오늘이다. 기수 회장을 맡은 나는 책임이 무거웠다. 일박이일 동안 지루하지 않게 무사히 일정을 마칠 것을 은근히 걱정했었다. 예전 같았으면 이동 간의 먹거리는 물론 사소한 소모품 일체를 집행부에서 준비해야 했다. 다행히 단골 기사님의 노고로 개인별 포장물로 준비해 각자에게 하나씩 제공하니 편리하고 깔끔하였다.

첫 목적지가 청와대였다. 이동 중에 의례적인 회장의 인사말로 분위기를 열었다. 뒤이어 여정의 흥을 돋우기 위해 문화답사 회장인 친구가 초대 대통령 시절부터 우리가 살아온 칠십여 년 세월의 시대상을 연대순으로 나열하였다. 역사적 사실과 일화를 설명하는데 전문 해설가보다 더 실감 나고 듣는 재미 또한 배가 되었다. 장기가 넘치도록 많은 친구들의 도움에 나 역시 중간중간에 흥을 곁들이니 장시간을 달렸음에도 지루한 줄 몰랐다. 모두들 칠순 나이가 무색할 정도로 활력 있고 지식이 넘쳤으며 듣고 있는 청중의 태도 또한 더 한층 수준급이었다.

청와대에 도착하니 많은 방문객이 줄을 지어 입장 순서를 기다리고 있었다. 역사상 처음으로 공개하는 '대통령 궁'의 개방이다 보니 전국적으로 인파가 몰려든 듯하였다. 안내원의 지시에 따라 입장하는 가운데 간간이 들리는 찰칵찰칵 셔터 소리에 추억을 담았다. 카메라만 들면 우르르 몰려들어 너나없이 나름의 포즈를 취하는 칠순 할매들의 자태가 귀엽기까지 했다. 청와대 내부를 질서 정연하게 돌아보는데 대통령 직무실도 눈여겨보며 진귀한 추억으로 아로새겼다. 일행은 한 명이라도 대열에서 이탈하지 않으려 똘똘 뭉쳐 다녔다. 뭉치는 자리에는 동작도 빨랐다.

청와대 관저 뒷길에는 일명 청와대 미남석불이 모셔져 있었다.

본래 이름은 '경주 방형대좌 석조여래좌상'으로 9세기 통일신라 시대에 만들어진 것이다. 경주에서는 '문화재 제자리찾기 시민운동'이 전개 중이라 하니 곧 제자리를 찾아갈 것으로 보인다. 사람들은 종교를 떠나 꽤나 오르막길인데도 씩씩하게 올라가 잘생긴 미남석불의 몸체를 눈치껏 슬쩍슬쩍 만져도 보고 참배도 하며 석불 앞에서 포즈를 취했다.

여행의 하이라이트는 한탄강 주상절리길이다. 세 시간 남짓 거리였다. 푸른 하늘 아래 펼쳐진 계곡의 절경에 눈이 부셨다. 조금 이른 가을이라 단풍이 완연하지는 않았지만 길 아래의 시원하고 힘찬 물소리와 계곡의 기암절벽 용암이 굳어 만들어진 주상절리 풍광에 환호성이 절로 나왔다. 산허리는 안전한 데크길 잔도로 이어졌다. 출발하기 전에는 긴 시간을 걸을 수 있는 친구들이 과연 얼마나 될까 싶었다. 무릎 관절이 불편한 이들은 버스에 남을 수밖에 없을 것으로 예상했다. 막상 첫발을 들여놓는 순간 상상을 초월했다. 우리는 할머니가 아니라 한 갑자를 거슬러 수학여행 온 여고생들 같았다. 포토존 명소를 만날 때마다 사진 속에 자신을 담으며 함박웃음과 함께 장장 세 시간에 걸친 둘레길을 거뜬히 완주했다. 마지막 깔딱고개라고 부르는 오백 미터 고지에서 뒤처지는 친구가 있긴 했지만 정신력을 다해 완주하면서 노익장을 과시하는 모습에 환호와 박수갈채를 보냈다. 눈앞 한탄강의 협곡 절경을 찬양하느라 이야기 속에서 빠져나올 줄 몰랐다.

돌아오는 길에 각자의 숨겨둔 이야기보따리를 풀어헤치는 시간을 가졌다. 칠순도 넘은 나이에 누구의 눈치를 보며 어디에서인들 속내를 털어놓지 못할까. 우선 나부터 지난날의 허물 아닌 마음 보따리를 풀어제꼈다. 뒤를 이어 친구들 한 명 한 명씩 마이크를 넘기니 쑥스러워하던 표정은 잠깐이었고 각자 묵혔던 사연을 토해냈다. 크고 작은 일은 누구나 있었다. 칠십 평생을 살아오면서 사정이 없을 수가 있겠는가. 대반전이었다. 이런 자리를 통해서 평소에 몰라보았던 친구들을 한꺼번에 다 알지는 못했어도 늦게나마 서로를 알아 가고 있는 것이다. 작전은 대성공이었고 시간이 모자랄 정도였다.

다시는 돌아오지 않는 흘러버린 세월들이다. 내년 가을에도 여행길을 만들어 옛 시절을 뒤돌아보며 훗날을 이야기해보고 싶다.

이보다 좋을 수가

매년 설 명절을 지나고 초닷샛날이면 통도사 해인사 송광사로 정초 기도를 빠지지 않고 간다. 불교 도반 무진회 회원들과 새벽에 출발해서 밤늦은 시간에 돌아오는 삼사 순례길이다. 올해는 역병으로 행사가 취소되어 평소 마음에 담고 있던 금정산 미륵사로 갔다.

이십 년도 전이니 세월이 꽤 되었다. 동네 자그마한 사찰의 스님께 명리학을 배운 인연이 되어 기도에 동참하였다. 그때 스님은 주로 조상 천도를 하는 분이었다. 공양거리를 준비해 한적한 산이나 바닷가에서 허공 기도를 올렸다. 봉고차를 타고 신도들과 전국 방방곡곡을 두루 다녔다. 스님 따라 기도할 때는 사방에서 이름 모를 새 떼들이 온갖 소리를 내며 도량 위를 맴돌았다. 그러다 염불이 끝나면 조용히 사라지는 신기한 현상들도 여러 번 보았다.

내가 일을 하게 된 것도 스님 덕분이 아니었나 싶다. 명리학에 재미를 붙이고 이름난 학자들을 찾아다닐 때 마지막으로 배움의 길을 만난 분이다. 그때만 해도 아이들 키우고 살림만 했지 사회생활이라고는 한 번도 해볼 생각을 않았던 초년생 전업주부였다. 생각지도 않은 상황에서 갈등이 심했다. 나의 짧은 명리 지식으로는 운이 악재로 짚였다. 내가 배운 선생님들께 자문을 구해 보았지만 다들 이런 운에 무슨 일을 시작하느냐는 심드렁한 답이었다. 하지만 그 스님만은 걱정 말라며 조상을 달래는 축원을 해주어서 바깥일을 하게 되었다.

일에 대한 밑그림만 그리고 있던 중인데 마치 계획했던 것처럼 모든 여건이 톱니바퀴 물리듯 척척 맞춰져 자연스레 돌아갔다. 공인중개사 자격증을 미리 따 놓았기에 쉬웠던 것 같다. 이십 년이 지난 지금에 와서 생각해도 힘들어하던 나에게 용기를 주었고 선택을 잘해 주신 고마운 분이다.

한번은 스님과 금정산 아래 조용한 도량에서 기도를 마치고 미륵사에 갔다. 금정산에 자리한 범어사 말사이면서 산 중턱 가장 높은 곳에 자리 잡은 사찰이다. 가는 길은 바위산으로 좀 가팔라 오르기가 힘들었다. 땀을 흠뻑 적시며 도량에 도착해서 아래로 내려다보았다. 기막힌 풍광이 눈에 들어오니 세상 시름도 다 덧없었다.

가끔 일요일 새벽에 독성각에서 백팔배를 하고 있으면 마룻바닥에서 신장님들의 발걸음 소리가 저벅저벅 주변으로 모여들었다. 그러다가 낯선 사람이 법당문을 여는 동시에 조용히 사라졌다. 어느 날 나반존자를 모신 독성각에서 기도 중에 잠깐 삼매에 빠져 있을 때였다. 반소매 반바지를 입고 머리를 빡빡 민 갸름한 얼굴의 동자가 법당으로 들어와 내 무릎에 살포시 앉으며 미소를 지었다. 그것이 꿈인지 현실인지 상상인지 모르겠지만 그때부터 영험이 있는 도량임을 잊지 않고 마음에 담고 있었다. 인연 있는 도반들과도 자주 다녔는데 발길을 끊었다가 이번에 옛 생각이 나서 다시 가게 되었다.

점심때가 훌쩍 지났는데도 길 양쪽으로 빼곡히 들어선 차량으로 주차할 곳이 없었다. 옛날에는 산 중턱에 주차해 두고 가면 걷기에 딱 알맞은 거리였다. 몇 바퀴를 돌다가 마을 입구에 마침 한 대가 빠지는 바람에 겨우 주차를 하였다. 사찰까지는 꽤 먼 거리라 엄두가 나지 않았다. 돌아갈까도 생각했지만 '원'을 세웠으니 부처님이 이끌어 주시겠지 하고 발걸음을 딛기 시작했다. 예전에는 고당봉까지도 거뜬히 올랐는데 반도 못 가서 숨이 찼다. 일찍 간 사람들은 벌써 내려오고 있었다. 아이들을 데리고 온 가족들도 보였고 쌍쌍이 짝을 지은 젊은이들도 많았다. 늘그막 신세인 우리 또래로 보이는 사람들도 간간이 있긴 했다.

미륵사를 오르고 있을 때 내려오는 가족 일행이 있었다. 부모님과 아들 딸들인 것 같았다. 아버지 되신 분이 돌부리에 발을 잘못 디뎌 일어나지를 못했다. "아버지, 괜찮으세요?"라는 젊은 아들의 다급한 소리가 들렸다. 바로 우리 앞을 지나던 일행들이라 놀라서 뒤돌아보았다. 환자가 한참 만에 정신이 드는 것을 보고 갈 길이 바빠 서둘러 가면서 생각이 많아졌다. 부모가 저렇게 되면 자식들에게 민폐가 될지도 모른다. 친한 친구도 가족들과 나들이 갔다가 남편이 쓰러져 구급차에 실려 가는 바람에 몇 년이 지나도록 자식들과 함께 하는 소풍은 끝이라고 해서 남의 일 같지 않았다. 모쪼록 건강을 잘 지켜야 하겠다.

내려오는 사람들을 보니 젊은 남녀들은 발걸음부터 힘이 있어 통통 튀는데 나이 지긋한 분들은 다리에 힘이 풀려 허청허청 걸음이 헛놘다. 주름진 얼굴에도 피곤함이 진득이 묻어 있다. 나도 애써 어깨를 펴고 한발 한발 힘주어 올랐다.

사찰 입구까지 몇 번을 쉬어가며 도량에 도착하니 옷이 흠뻑 젖었다. 가쁜 숨을 고르고 법당에 들어가 삼배를 올렸다. 산신각 칠성각을 들러 바위 아래 아슬아슬하게 세워져 있는 독성각 좁은 계단을 타고 법당으로 갔다. 스님의 목탁 소리에 맞춰 나반존자를 목청껏 불렀다. 절을 하기에는 옛날만큼 쉽지 않아 삼배만 하고 서서 따라 하는데도 다리가 휘청거려 서 있기도 힘들었다. 거듭 세월의 무상함을 실감했다.

계단을 내려오면서 독성각 바위 아래 샘솟는 천년의 신비를 머금은 석간수를 한 바가지 떠서 마셨다. 속이 뻥 뚫리고 기운이 묘하게 솟아났다. 가져간 물병에도 가득 담아 마셔가며 내려왔다. 올라갈 때와는 달리 여유롭게 주변 산세를 두루 살피며 오가는 사람들 구경도 했다. 나반존자를 뵙고 오는 아련한 여운에 취해 콧노래가 절로 나왔다.

어느새 주차장 가까이 오니 휴대폰에서 만 보를 알리는 축하 팡파르가 울렸다. 덩달아 피로감이 달아나버린 듯 상쾌했다. 포기하지 않고 간 것도 부처님의 원력이었기에 가능했다. 세상만사가 이보다 더 좋을 수가 없었다.

평온의 숲

부모님을 새로 모신 납골당에 다녀왔다. 형제들과 사촌언니까지 함께 찾은 용인 소재의 '평온의 숲'이다. 작년 여름 큰오빠 장례식 때 이곳에서 화장을 하였기에 다시 찾으니 어딘가 마음 한편이 싸하였다.

부모님 산소는 원래 용인의 '서울공원묘지'에 안치해 있었다. 큰오빠가 생전에 후손들이 산소 찾기가 힘들 거라고 새 유택으로 옮겨 모시기로 결정하고 일을 진행 하던 중이었다. 정작 본인이 이승을 마감하고 나니 마무리는 작은오빠가 이어서 했다. 작은오빠와 동생이 서울 가까이 살다 보니 서로 상의하여 길일을 받아 지난해 이장을 처리했다.

'서울공원묘지'는 큰오빠가 현역 장군 시절에 국내에서도 이름 있다는 지관地官을 통해 준비해 둔 곳이다. 어머니 사후에 모실 명당이라며 후손들을 위해 가족 납골당도 옆에 마련해 두었다. 어머니를 모신 몇 년 후에 여기저기 흩어져 있는 조부모님과 부산에 계신 아버지 산소의 유골들을 모두 화장하여 공원묘지 납골당으로 모셨다. 다시 옮기는 것도 오빠의 깊은 뜻이 있다는 생각이 들었다.

이장을 위해 파묘한 어머니 산소에 기이한 일이 생겼다. 가끔 뉴스나 지면을 통해 듣던 끔찍한 일이 우리에게 생길 줄은 누구도 상상하지 못했다. 유명한 지관이 명당이라 정해준 곳이니 으레 후손들이 발복할 자리라고 믿어 의심치 않았다. 인부를 데리고 파묘해 보니 놀랍게도 십여 년 세월이 흘렀음에도 시신은 원래의 모습 그대로 유지되었고 관도 전혀 상한데 없었다. 그렇다고 수맥이 지나는 곳도 아니라 했다. 경험 많은 인부의 말은 좋은 목관을 해서 공기가 통하지 않아 그렇게 된 것이란다. 믿기 어려운 말 같아 여러 가지 생각이 뒤엉켜 혼란스러웠다. 사람이 죽어 땅속에 들어가면 좋은 자리일수록 깨끗이 한 줌 흙으로 돌아가는 것이 순리라고 믿는다. 그런 땅을 우리는 명당이라 하지 않았던가. 오빠가 생각지도 않던 병으로 갑자기 운명을 달리하신 것도 어쩌면 산소와 관련이 있는 것같이 여겨져 우연은 아닌 듯하였다. 아무튼 후손들에게도 좋은 조짐이 아닐 것은 분명하다. 오빠는 불길한 예감이 들었던지 집안에 무슨 일이 일어나지 못하게 방패를 한답시고 이장을 서둘렀다.

새로운 곳으로 부모님을 모셨다 하니 어떤 곳인가 궁금하기도 했다. 진작 찾아뵈었어야 할 일인데 늦었지만 형제들과 날을 잡아 가보기로 했다. 그동안 지인들의 납골당을 다녀보니 유골함 주변에 사진과 꽃들이 정성스레 장식되어 있었다. 나도 부모님 사진을 장식하려고 사진첩을 뒤져 보았다. 그런데 아버지 어머니가 함께 찍은 사진이라고는 단 한 장도 없었다. 그때 시절이 그러했는지 아니면 두 분의 관계가 다정한 사진 한 장 남길 정도도 아니었는지 잘 모르겠으나 내가 찾는 적당한 사진은 없었다. 하는 수 없이 큰오빠 결혼식 때 찍은 단체 사진에서 두 분이 나란히 앉은 부분을 확대하여 다시 만든 사진과 두 분의 결혼식 흑백 사진을 찾아 예쁜 액자에 담았다. 더불어 환한 해바라기꽃이 장식된 조그만 화분이 잘 어울릴 것 같아 따로 준비해 갔다. 부산에서는 지고 없는 벚꽃이 가는 길 내내 도로 연변에 한창 만발하여 탐스럽게 피어 있었다.

높은 층 건물 이층에 유택이 자리하고 있었다. 정작 부모님 유골함은 진열 맨 아래에서 두 번째 칸에 모셔져 있었다. 부모님을 우러러 뵈어야 자식된 마땅한 도리이거늘 너무 아래로 모셔진 것이 어딘가 못마땅한 것은 여식으로서의 당연한 생각이었다. 납골당 사무실에서 접수된 차례로 모셨다는 설명은 들었다. 이 일로 고생한 오빠를 탓하기엔 미안하지만 그래도 내 마음은 그게 아니었다.

유골함 곁에 정성스레 준비해 간 사진과 꽃을 넣으려 하니 이 또한 금지된 사항이었다. 자세히 보니 바깥쪽 한 면에 사진 한 장 꽂을 정도의 자리만 마련되어 있었다. 그곳 규칙에 따라 두 분이 나란히 앉은 사진 한 장을 꽂았다. 가지고 간 꽃은 혼백께서 이 여식의 정성을 알아보시기 바라면서 다른 유족들이 진열해 둔 자리에 함께 두었다. 자그맣고 노오란 해바라기가 앙증맞게도 예뻤다.

부모님의 유골함이 나란히 놓여 있는 것이 사이가 좋아 보여서 슬며시 웃음이 나왔다. 생전에 다툼이 많으셨는데 저승에서는 싸우지 않으시는지, 두 분을 저렇게 두어도 되려나 싶은 생각이 스치니 걱정도 되었다. 어머니는 생전에 아버지의 일거수일투족을 그리도 불평하셨다. 무던하고 말씀이 없으면서 매사에 굼뜨고 서툰 아버지를 그토록 미워하셨다. 덩달아 그 불똥이 내게로 튀었다. 나의 행동거지가 아버지를 닮았다고 언제나 못마땅해하셨다. 결혼해서 잘 살고 있는 우리 집에 와서도 아버지와 너무도 상반되는 성질 팔팔한 사위가 마음에 차지 않았던 어머니다. 그 세월이 엊그제 같다.

새로이 유택을 마련해 두 분을 모신 일로 지난 일을 회상하다 보니 생각이 여기까지 미치었다. '평온의 숲'이라는 이곳 이름처럼 부모님의 혼백도 내내 고요하고 평온해지길 바라는 마음이다.

몸의 세월

잠그다 만 수도꼭지처럼 눈가에 눈물이 시도 때도 없이 질금질금 나온다. 사물을 보는 데는 지장이 없지만 사람들 앞에서 손이 가니 민망할 지경이다. 옛날에 어머님도 그러셨다. 손수건을 들고 다니며 눈물 닦는 것을 보고 "엄마, 왜 자꾸 우노?" 할 때마다 "니도 나이 들어봐라 알게 될 꺼다."라고 했다. 그때는 무슨 말인지 도무지 이해가 가지 않았다. 세월이 갈수록 어머니 말씀이 이해되는 것이 한두 가지가 아니다. 어머니를 닮지 않으려던 나도 여기저기 적

신호가 오고 있다.

안과에 가서 간단한 검사를 하니 결과는 양호했다. 세월의 무게만큼 눈꼬리가 처져 염증이 생길 수 있으니 올리는 수술을 받으라고 귀띔을 해 준다. 숫제 잊고 지냈는데 거울을 보니 동그랗던 눈이 아래로 살짝 내려와 삼각형이 되었다. 나이 들어 눈꺼풀 수술했다는 할머니들을 보니 눈이 휑하니 미워 보였다. 나도 할머니 하고도 한참이 되었으니 세월의 무게를 이겨내지 못하고 곳곳에 고목의 흔적이 드러난다.

걱정할 정도는 아니라 하니 그나마 다행이다. 약국에 들러 처방전을 내미니 조그만 안약을 주며 설명도 곁들였다. 단돈 천 원이었다. 비싼 약을 팔아야 돈이 될 텐데 미안하다고 고개를 꾸벅했다. 마스크 위로 살포시 웃는 젊은 약사의 동그란 눈이 참으로 맑아 보였다. 성미가 미련스러워서인지 고가의 의료보험금을 내면서 병원을 잘 찾지 않는 편이다. 영양제 외에는 다른 지병으로 먹는 약은 없으니 이것만으로도 안심이다.

건강이 최악이었던 젊은 시절에 눈이 가장 불편했다. 항상 눈동자가 충혈되어 있었고 햇볕을 볼 수 없을 만큼 쓰라렸다. 시중이나 공영방송에서 쏟아지는 먹는 약에서부터 점안액까지 종류도 많았지만 별 효험은 없었다.

친구 모임에서 중국 여행을 갔었다. 여행 상품에 포함된 쇼핑몰

중 한의원을 갔다. 내 차례가 되어 의사의 진맥을 받으니 간이 약하다고 내게 맞는 약을 권했다. 이십 년도 전에 일백오십 만원이었으니 거금巨金이었다. 팔랑개비 귀 탓인지 남의 말을 잘 믿고 따르는 단점이 있어 겁 없이 샀다. 듣는 이들마다 사기당했다고 걱정인지 놀림인지 못마땅한 눈초리로 보았다. 그런 것에 예민한 남편의 눈총이 가장 따가웠다. 거무스레한 환으로 된 작은 알약이 큰 통으로 세 통이나 되었다. 귀에 거슬리는 지인들의 말을 꾹꾹 참고 한 알도 남김없이 의사가 시키는 대로 다 먹었다. 거짓말처럼 눈자위가 맑아졌다. 항상 핏발이 선 붉은 눈의 청개구리 같은 눈동자가 깨끗이 나았다.

양쪽 다 2.0이라는 건강한 시력을 찾아 그동안 못다 한 독서도 즐기며 불편 없는 생활을 오랫동안 유지해 왔다. 세상에는 거짓만 있는 것이 아니라 거짓 속에서 참도 있다. 세상이 워낙 어수선하여 참도 거짓으로 보이니 참이 살아가기 힘든 사회이다.

세월이 가니 다시 눈이 말썽을 부렸다. 오후가 되면 눈이 시리고 생활에 많은 불편을 주었다. 시중에 나도는 좋은 영양제를 먹고 넣어보아도 별다른 호전을 보지 못했다.

저녁 시간에 건강 프로를 보게 되었다. 손으로 하는 운동법이었다. 단 몇 번의 동작으로 전보다 시력이 좋아지는 것을 보고 그대로 따라 했다. 미련할 만큼 좋다는 것은 중도에 포기하지 않고 꾸역꾸역 잘 따라 한다. 건강 프로에 들어가 보면 좋은 프로가 많다. 일 년 전부터 여기저기 내게 맞는 것만 골라 아침저녁으로 꾸준히 행하고 있다. 그동안 눈에 좋은 약도 먹지 않고 안약도 쓰지 않았다. 지칠 줄 모르는 미련곰탱이도 이런 면은 쓸만하다. 건강은 타고나야 한다고 하지만 노력도 중요하다.

아침저녁 세안도 정성껏 하는 편이다. 퇴근해서 집에 와 세면실에 들어가면 세안에 정성을 들인다. 시간을 필요로 하지만 생활화되니 어렵지 않고 일과의 한 부분이다. 저녁 세안은 먼저 클렌징 크림으로 닦아 내고 밀가루로 세안한다. 헹굼으로 식초 몇 방울 넣어 삼십 초 정도 헹구고 찬물로 마무리해주면 보송해진다. 다음 순서로 소량의 해초 가루를 물에 타서 하루 정도 두면 쫀득해진다. 농도는 각자 취향에 맞게 조절하면 된다. 이것으로 턱부터 처지지 않는 마사지를 해준다. 아침 세안은 비누 대신으로 밀가루로 한다.

피부 관리도 받아 보았다. 지그시 누워 있는 성미도 못되고 시간에 쫓기다 보니 끊은 지도 오래다. 몸이 건강해야 피부도 건강해진다. 지난날에는 기미도 있었고 눈 밑에 자글거리는 주름을 볼 때마다 세월의 무상함만 탓했다. 그런데 노력으로 건강한 피부를 유지할 수 있는 것도 알았다. 스킨도 영양 크림도 재료를 사서 방부제 없는 유기농 화장품을 만들어 쓴다. 가끔 오는 지인이 "얼굴에 무슨 짓을 했어요?"라며 자연스럽게 잘 되었다고 시술한 병원을 알려 달라고 한다. 성형 수술한 줄로 안다. 내가 하는 세안 비법을 몽땅 공유해

주었다.

올해도 막바지에 왔다. 시장통을 지나 집으로 오며 불교 용품전에 들렀다. 내년도 택일력을 사니 달력을 끼워 주었다. 빽빽이 적혀 있는 올해 달력을 펼쳐보며 바쁜 한 해를 보냈구나 싶다. 그래도 예방접종 외에는 병원 신세 진 기록은 없다. 좋은 일도 많았고 바쁜 만큼 성과도 있었다. 내년 달력에는 어떤 것들이 채워질지 눈도 건강한 한해를 보냈으면 좋겠다.

천 원 하는 안약을 두 시간 전에 한 방울 넣었는데 지금은 많이 좋아졌다. 나이가 있으니 많은 것은 바라지 않는다. 생활에 불편하지 않을 만큼만 몸의 세월이 유지해 주기를 바랄 뿐이다.

■ 작품 해설

가족 서사의 진경: 회상의 워딩과 감성의 묘사

박양근(문학평론가)

수필은 문학이면서 예술의 일부이다. 모든 문학이 그렇듯이 수필은 생활인을 존재자로 바꾼다. 존재한다는 말은 나의 근본을 인식하고 인문학적 삶을 살도록 자극해준다. 작가는 무릇 삶을 의식하고 소재가 부모 형제자매일지라도 부모라는 존재, 형제자매라는 존재가 자신에게 무엇인가를 살펴야 한다. 가족을 중심으로 한 가족 서사라면 혈연관계 외에도 우애와 갈등을 반영하여 일상 스토리가 아닌 극적 구성을 지니게 할 필요가 있다.

윤정희 가족은 서사의 조건을 갖추고 있을 뿐만 아니라 애당초 그렇게 살았다. 그녀는 독학하다시피 인생 공부를 하였고 오빠들도 개척자처럼 인생을 독자적으로 꾸려갔다. 그동안 그들은 단순한 혈연관계를 초월하여 보기 드문 우애와 믿음으로 거미줄과 같은 끈끈한 존재성을 정립하였다. 각자의 역경을 헤쳐 가는 삶이 가족애의 바탕임을 일찍이 깨친 것이다. 그러므로 작가의 가족 스토리는 두 오빠와 어머니를 중심으로 전개될 수밖에 없다.

작가는 삶의 진실성과 사실성을 동시에 중시한다. 첫 수필집 《장군의 가족》에서 오빠와 부모에 대한 회상이 은하수처럼 흐르고 명주실처럼 부드러우면서도 강인한 서사 구조가 마련된 것도 작가로서의 잠재력이 가정환경으로 인하여 지연된 덕분이라 할 정도다. 무엇보다 그녀는 시련과 영광의 배역을 맡은 주인공이다.

가족 서사를 직조하는 동안 그녀는 "설레면서 행복했다."고 말한다. 큰오빠가 보낸 격려에 보답하였을 뿐 아니라 미처 알지 못했던 문학적 집념을 스스로 확인하였기 때문이다. 비유하면 살기 위하여 천 일 동안 이야기를 한 세헤라자드처럼 살아남아 지금까지 숨겨온 가족사를 한 권의 이야기로 펴낸 것이다. 숨어 있던 "장군의 가족"을 서사 무대로 초대한 《장군의 가족》은 힘겨운 시절의 성공담을 담아내었다는 점에서 시대를 조명한 리얼리즘 산문이기도 하다.

1. 나의 삶, 나의 수필

《장군의 가족》의 구조는 1인칭이다. 1인칭 서사는 역경과 시련을 거치며 성장하는 자신을 직접 소개함으로써 진실한 담론을 갖춘다. 수필의 인칭 구조에서 윤정희는 서술자이면서 주인공이다. 그녀는 먼저 자신이 누구이며 가족 관계는 어떤가를 소개하여 왜 수필집 제목이《장군의 가족》이어야 하는가를 설명한다.

그것을 위해 화자는 가족사의 프롤로그 기능을 하는 수필을 먼저 쓴다. 그리움이 배인 어조로 앞으로 전개될 사건이 만만찮은 분위기와 이미지를 지닌다고 알려주면서 자신과 가족이 살아온 인생이 소설답다고 말한다. 소설이 있을 법한 허구임에도 소설처럼 실감이 난다는 풀이는 그들의 인생이 눈물겨운 탄식과 경이로운 경탄으로 이루어져 있다는 사실을 강조하기에 충분하다.

3부작 〈소설 같은 이야기〉와 〈추억 속에 묻다〉와 〈수영강 운명〉은 가족사의 개론에 해당한다. 가족이 일단 먼저 생존하여야 가문의 정체성을 전할 수 있다. 그러기 위하여 서사적 구성으로 짜고 갈등에 직면하는 극적 인물이 등장하고 정화라는 미적 효과를 갖추어야 한다. 파란만장한 역경이 선행조건이라는 뜻이다.

〈소설 같은 이야기〉와 〈수영강 운명〉은 서사 프레임의 발단으로서 전자는 등장인물을, 후자는 성장기의 배경을 소개한다. 인물 구성에서 드러나는 특이한 점은 여성 주인공인 작가는 어머니를 제외하면 아버지와 큰아버지와 남자 형제 네 명 속에서 성장하면서 남자처럼 매사 적극적이고 인내심 있게 처신하는 성품을 익혔다는 점이다. 성장기의 가난과 성인 시절에 갖춘 능동적인 인생관이 성장의 모티프에 적합성을 부여한다. 재주와 노력을 겸비한 그들 형제는 외적 시련을 형제간의 우애로 극복하여 서로의 장점을 본받는 모습을 지니게 되었다.

작가의 성격을 보여주는 에피소드는 두 가지다. 하나는 어린 동생을 업고 초등학교 교실에 허락 없이 들어갔다는 것이다. 마을 여자애와 다르게 사내아이들 놀이와 위험한 장난을 마다하지 않고 산으로 들로 따라다녔던 놀이가 인생 학습으로 발전하여 그녀의 사회적 경쟁력을 높여준 것이다.

작가는 "우리는 그런 시대에 살았다."고 회상한다. '그런 시대'란 지금과는 달리 자연 속에서 성장했다는 야성에 대한 자부심을 전달한다. 이처럼 〈소설 같은 이야기〉에는 그런 시대에만 유효했던 웃음과 눈물의 희비 쌍곡선과 이미지가 깔려 있다.

> 성장기를 인생의 단맛 쓴맛을 함께 체험하면서 컸다. 인생의 참맛이란 것도 알고 그래서 우리는 애틋한 정이 더 있을 수도 있다. 추억은 고통이 심할수록 더 아름답다고 한다. 동생들과 만나면 소주잔 마주하면서 옛날 이야기에 함박웃음으로 시간 가는 줄 모른다. 소설 같은 옛이야기들을 하면서….
>
> — 〈소설 같은 이야기〉에서

혼미스러웠던 시대와 절박했던 가정환경을 작가는 낙관적인 감성으로 묘사한다. 비유하면 비극 주인공의 삶을 독자들이 재미있게 읽는 것과 같다. 옛날의 그곳으로 찾아가면 주변이 현대식으로 변하였을지라도 작가의 심적 거울에서 옛 모습 그대로 되살아난다. 이런 시간이 현재의 윤정희를 수영 해변에서 놀던 "겁이 없는 아이"로 되돌리는 것이다. 〈수영강 운명〉의 무대인 판자촌, 방 두 개에 쪽마루가 있던 산자락 언덕집, 피부가 검도록 놀았던 수영해변 모래밭, 작은오빠가 대문에 그린 갖가지 그림들과 겨울철 크리스마스트리 등이 상상 속에서 재현되어 가난을 이겨 냈다는 해피엔딩의 결말을 강조한다.

성장기의 3부작처럼 성인으로서의 인생을 극화시킨 작품에도 3부작이 있다. 두 영역의 공통점은 역경조차 반가운 손님으로 받아들이는 대범한 여유로서 어린 시절과 관련된 모든 장소에 불행과 행복을 함께 배치한다. 이것은 시련을 이겨 낸 서사 주인공의 특징으로서 자아의 독백으로 전달되기도 한다.

〈해인사의 봄〉은 해인사 풍경과 불심을 배경으로 세 차례에 걸쳐 다가왔던 생의 변곡점을 그려낸다. 50년 전 신혼여행이 무엇인지조차 모르고 갔던 해인사 주변 여관, 10년 만에 건강이 악화되어 영정처럼 사진을 찍었던 계곡, 최근의 코로나 대란을 마다하고 정대불사에 참여했던 해인사가 생의 고비를 넘도록 해준 도량으로 묘사된다. 그때마다 원당암의 벚꽃과 석탑은 "목숨이 다할 때까지 배우며 살아가라."는 교훈으로서 삶의 행로를 비추는 등불이기도 하다.

윤정희 삶에 부여된 특징은 도전과 모험이다. 그녀에게 인생은 자의식을 키우는 길이다. 이런 심리는 결혼 후에도 변함이 없다. 〈행복한 가출〉은 동양적 유머와 서구적 위트로 짜여 시어머니와의 믿음직한 인연을 밝힌다. 여성에게 시가는 가까이하기 어려운 곳이지만 그녀는 시부모에게 의탁하고 힘든 시골 생활을 동화 같은 인생 풍경으로 바꾼다. 토함산 추령 넘어 구석에 박힌 촌집을 처음 찾아갔을 때의 친숙감, 농사일조차 힘든 줄을 몰랐다는 며느리로서의 도리, 초여름 남편과 말다툼을 하고 아이만 들쳐 업은 채 무작정 시댁으로 찾아간 가출이 그녀의 천성에 더없이 어울린다. 특히 들이닥친 며느리에게 말없이 '시어머니표 가자미식해'를 차려 준 정성과 돌아갈 때 남편과 함께 탄 기차를 해학스럽게 바라본 기억들이 시가에 대한 정을 생생하게 부각시킨다.

그녀는 어느덧 할머니가 되었다. 아이들 둘을 키웠고, 방송통신대학에 다녔고, 공인중개사 자격증을 취득하였고, 불교재단에서 봉사활동을 하고, 독거노인과 고아를 위한 봉사를 한다. 스리랑카와 르완다의 어린 소녀와 인연을 맺는 국제 활동도 이어 오고 있다. 나이와 상관없이 최선을 다하는 생을 가꾸어간다랄까.

> 어디서 그런 만용이 넘쳐났을까. 정말로 겁 없이 살았던 삼사십 대 시절이었다. 딱히 '이거다' 하고 짚이는 것도 없으니 패기만만한 젊음이 아니었던가 싶다. 그러나 젊음은 누구에게나 있지 않은가. 굳이 까닭을 찾는다

면 선머슴아 닮았고 골목대장 같았던 활달한 성격이 한몫했지 싶다. 엄하기 짝이 없었던 어머니 밑에서 견뎌낸 힘들었던 살림살이의 저력이 내 안에 잠재해 있다가 표출된 것이라 보면 맞을 듯하다.

— 〈한국 할머니〉에서

역경을 극복하고 해피엔딩을 이룬 그녀에게 한국 할머니만큼 어울리는 자화상이 없다. 과거는 사라지는 게 아니라 기억회로에 고스란히 저장되듯 이전까지는 가난한 유년기를 "추억 속에 묻"었지만 마침내 제 신원과 본분을 밝힌 "한국 할머니"가 되었다. 그녀만큼 잘살아온 여인이 어디 있는가.

2. 장군의 가족과 가족의 장군

모든 사람에게는 자신을 기탁하는 존재가 있다. 나아가 위기를 맞이하면 누군가의 구원을 기대한다. 그 대상은 사람마다 다르다. 부모나 신이기도 하고 고향 나무가 대신하기도 한다. 그것들은 형태가 다를 뿐, 초월적 존재로서 평생 곁을 떠나지 않는다.

우리에게 가장 친숙한 믿음의 신앙은 어머니다. 어머니는 생명과 몸을 주었을 뿐만 아니라 갖가지 궂은 희생을 마다하지 않는다. 동서고금의 작품이 어머니의 고결한 희생을 다루었을지라도 그분에 대한 찬사는 여전히 부족하다. 그만큼 인간에게 어머니는 영육의 버팀목으로 자리하고 있다.

윤정희의 일생을 탄탄하게 받쳐주었던 사람도 어머니다. 그녀는 어머니를 자식을 위해 처절한 분투를 아끼지 않은 사랑으로 기억한다. 성장기와 장년기를 거치면서 따르고 싶은 모델이었으므로 노년기에 작가는 '한국 할머니'가 될 수 있었다.

〈장군의 어머니〉의 서문은 "지금도 어머니 생각만 하면 가슴이 먹먹해진다"이다. 이 문장은 온갖 장사를 했던 어머니가 가족 서사의 중심임을 알려주고 모든 모티프를 껴안고 있음을 드러낸다. "하얀 수제비, 고갈산 밑 판자촌, 쉰내 나는 해초, 영도 바닷가 조개, 고사리손으로 딴 담치, 우물가 화초, 아버지의 황망한 죽음"과 "육군 장교복을 입은 두 아들"은 가난을 떠올려주면서도 어머니의 뿌듯한 보람을 풀어내는 화소들이다.

> 하루도 빠짐없이 새벽이면 장독대에 정화수 떠 놓고 두 손 모아 빌던 어머니의 공덕으로 자식들은 다 걱정 없이 잘살고 있다. 큰오빠가 육군 참모총장이 되면서 어머니를 서울로 모셔갔다. 두 분 오빠들은 보기 드문 효자였다. 시대가 시대인 만큼 장군의 어머니라 대접도 남달랐다. 고통도 다 지나고 아름다운 인생을 보상받은 것이다. 한 번씩 부산 오면 고생한 흔적도 없이 곱고 당당했다. 늦게나마 자식 복을 타고났으니 천만다행이었다.
>
> — 〈장군의 어머니〉에서

보기 드문 효자가 된 자식의 성공이 '어머니의 공덕'이라는 불교 용어와 "자식 복을 타고났으니 천만다행"이라는 일상어로 병치되어 강조된다. 마무리 부분에서는 "아름다운 인생을 보상받은 장군의 어머니"라는 호칭이 붙는다. 서두와 결미의 두 문장은 저세상에서도 '장군의 어머니'로 행복하게 살았으면 하는 작가의 기원을 감동적으로 강조한다.

어머니 외에 믿음과 희망을 건네준 사람으로 두 오빠가 있다. 첫 수필집 제목으로 오빠와 어머니를 합친 "장군의 어머니"로 할까 생각했을 정도로 장군이 된 오빠는 남다른 유대감과 애정으로 묘사된다. 가족에게 헌신했던 어머니와 가족을 위해 육군사관학교에 간 두 오빠의 보살핌을 받았던 시절이 있어 후일 그녀는 어머니로서, 작가로서, 자유업 직장인으로서의 자아를 형성할 수 있었다.

여자아이에게 이성적 모델은 아버지와 오빠다. 그중에서 오빠는 어린 시절을 함께 보낸 인생 선배이기도 하다. 작가도 오빠를 "인생의 뒷배"라고 부른다. 요즘 말로 흙수저를 들고 태어났지만 항상 아껴 주고 걱정해 주는 두 오빠가 있어 남자처럼 씩씩한 용기를 배울 수 있었다.

〈정복 두 벌〉은 천재 아들로 알려진 두 형제가 당당한 장교가 되어 "가문의 자랑과 자존심과 힘"이 되었다는 감격을 정감 어린 문장으로 짜낸 작품이다. 큰오빠는 세상을 떠났고 작은오빠는 살아 있어 명운은 달라졌지만 작가의 삶과 작품에서 결코 소실될 수 없다. 그들이 사회적으로 저명인사가 되었기 때문이 아니라 "용기와 사랑을 듬뿍 준 오빠"

라는 이름으로 작품 속에 살아 있는 것이다.

두 오빠에 대한 회상은 산 자에 대한 자긍심과 죽은 자에 대한 그리움으로 나누어진다. 두 오빠를 향한 각별한 감정을 전달하는 문맥도 달라진다. 대령으로 전역한 작은오빠가 그림을 그리는 멋쟁이라면 죽은 큰오빠는 육군 참모총장까지 지낸 집안의 별로 부각된다.

작은오빠에 대한 소회는 경쾌하리만큼 행복한 문체로 펼쳐진다. 학창 시절부터 다재다능한 재능을 지녔으며 S대 조선공학과 입학을 마다하고 육사에 들어가 대령으로 전역한 후 지금은 초상화와 풍경 노 화가로 화단의 주목을 받고 있다. 유머, 외모, 음악에 손색없는 재능을 발휘하면서 노후를 즐겁게 보내고 있다.

작은오빠의 효성은 〈텔레비전 할머니〉에서 사실적으로 입증된다. 월남전에 참여했던 그는 귀국하면서 당시로서 드문 신식 텔레비전 카메라 등을 가져와 온 동네가 문명의 편리를 맛본다. 덕분에 어머니가 '텔레비전 할머니'라는 명성을 얻었을 만큼 효성이 현실적이어서 큰오빠가 청렴한 명성으로 가문을 빛낸 것과 비교가 된다. 아무튼 오빠들이 자랑스럽고 그들에 대한 회상은 따뜻하다.

반면에 큰오빠는 죽음과 사별의 아픔이라는 이미지로 회상한다. 그것은 생전에 오빠가 베푼 갖가지 배려가 사라진 허탈감과 아쉬움 때문일 것이다. 〈이별의 시간〉은 죽음의 시점을 거슬러 오르며 행복했던 과거를 반추하는 방식으로 전개된다. 임종 때에도 자신의 죽음보다 남은 가족을 걱정하는 의연한 자세를 지키듯 큰오빠는 인명재천을 순리로 받아들이는 무인으로 영원히 기억된다. 그 가운데 "우리 집 가족사를 남겨 보라."는 오빠와의 약속으로 수필집이 탄생된 것은 오누이의 우애를 상상 이상으로 고조시킨다.

> 생각해 보면 오빠는 언제나 부족하기만 한 나를 두고 잘하고 있다고 칭찬과 격려를 아끼지 않으셨다. 내 못나서 이것 밖에 아니 되었는데도 그것이 마치 당신이 뒷바라지를 못 해줘서 이리된 것인 양, 또 어릴 적에 나만 고생시켜서 미안하다고 늘 안쓰럽게 여기셨다. 그러셨던 오빠가 이제는 불귀의 객이 되어 내 곁을 영영 떠나셨다.
>
> ― 〈이별의 시간〉에서

죽음의 순간은 짧지만 죽은 자를 기억하는 시간은 갈수록 길어진다. 산자는 현실이라는 제자리에 머물러 죽은 자를 저승으로 떠나보내므로 사별의 아쉬움을 〈어디쯤 가고 있을까〉라는 의문으로 표현한다. 큰오빠에 대한 추억이 죽음의 이미지와 연관되는 것도 이러한 생사의 간격 때문이다. 작가는 그렇게 떠난 사람을 수필 공간으로 소환하는 자성磁性이 오빠의 존재를 소생시키는 심미적 효과를 거둔다. 49재를 치르는 해동 용궁사가 오빠의 혼과 만나는 초자연적인 장소라는 점에서 우애의 접점으로 더없이 적절하다. 생전 군인으로 걸은 가시밭길과 다르게 작가 자신이 사

온 꽃이 깔린 꽃길이기를 바라는, 여동생이 오빠에게 바친 헌시인 셈이다. 그 점에서 〈이별의 시간〉과 〈어디쯤 가고 있을까〉는 초혼과 진혼의 리듬을 실은 작품이라 하겠다.

3. 그들도 내 서사의 일부

사람과의 심리적 거리가 지인과 주변인으로 구분한다. 대부분 혈연이 가까우면 지인이 되지만 이웃사촌이라는 말처럼 사회적 친교에 의하여 가까워지기도 한다. 앞서 설명하였듯이 그녀의 인생에 영향을 끼친 사람은 주로 남자다. 덕분에 남성적 대담성과 의지를 본받은 그녀는 너그럽고 강인한 성품을 갖게 되었다.

윤정희의 남성 네트워크는 두 오빠 외에 아버지와 큰아버지와 초등학교 6학년 담임으로 이루어진다. 이들은 인생 드라마에서 각자의 삶을 펼쳐나가면서 그녀의 성장에 나름의 영향을 미친다. 마치 인생 무대에 등장하여 갖가지 인생 모형을 연기하는 배우라고나 할까.

작가는 아버지의 성격과 일생에 '무골호인'이라는 별칭을 붙인다. 한때 직물 공장을 운영하였으나 파산하여 가족이 빈촌에서 근근이 목숨을 부지하게 하였을 정도로 매사 무능력하였다. 그의 일생을 그린 〈무골호인〉에는 가장으로서 제 역할을 하지 못하고 웃음을 잃어버린 불우한 모습이 반영되어 있다. 그런 가운데 하모니카로 자식들에게 추억거리를 남긴 취향은 삶을 견디는 그의 방식이었을 뿐만 아니라 사후 아버지를 추억하는 소중한 자산으로 남는다. 이런 인물 해석은 아무리 부족한 사람일지라도 한 가지 장점을 지닌다는 작가의 인간론에 힘입은 바 크다.

아버지의 유일한 형제인 큰아버지는 성격과 운명이 판이하다. 그는 아버지와 달리 유머와 재치가 풍부하고 친화성이 넘쳐 조카들을 다정하게 대하여 남다른 친숙감으로 묘사된다. 큰아버지에 대한 회상은 일본 여성과의 '이루지 못한 사랑'에 모아진다. 그들은 시대적으로 허용될 수 없었던 열애에 빠져 일본으로 도주하여 꿈같은 시절을 잠시 보낸다. 다른 여자와 결혼한 후에도 그는 그녀를 잊지 못할 만큼 로맨틱하고 극적인 주인공이 된다. 특히 아르헨티나로 이민 갔다가 한국에 일시 귀국할 때 일본에 들러 그녀의 〈무덤 앞에 장미꽃을 놓고〉 애상에 빠졌다는 일화는 오늘의 드라마 소재로서도 손색이 없을 정도다. 직계 가족이 아님에도 큰아버지를 등장시킨 것은 사랑의 진실이 무엇인가를 말하고 싶은 작가의 창작 동기 때문일 것이다.

등단작 〈잃어버린 오월〉은 대표작으로 손꼽힐 만큼 고결한 주제와 다감한 인간애가 넘치는 문단으로 이루어져 있다. 줄거리는 집안이 가난하여 학교에 다닐 수 없었던 시절에 배움의 길을 열어준 스승과 그에 대한 제자의 성실한 보은이다. 여기에는 극적 상황이 두 군데 설정되어 있다. 하나는 14살 때 초등학교 5년 과정을 빼먹고 신학기가 되어 무작정 6학년 교실에 들어갔을 때 담임이 너그럽게 학업을 계속하도록 해준 것으로 스승이 가진 배려심을 반영한다. 나머지 하나는 그때의 고마움을 평생 잊지 못하여 그 선생이 교직을 그만두고 회사를 운영하고, 세상을 떠난 후에도 수십 년 동안 스승의 날이 되면 꽃다발을 보냈다는 정성이다.

> 오월이면 지금은 뵈올 수 없는 스승님이 생각난다. 돌아가실 때까지 스승의 날이면 장미꽃과 카네이션이 어우러진 꽃바구니에 '선생님, 감사합니다.'라는 리본과 함께 수십 년간 주문 배달을 했다. 올해도 스승의 날은 돌아오지만 꽃다발을 보낸 그 오월은 돌아올 수 없다.
>
> — 〈잃어버린 오월〉에서

사람에게는 인생을 반전시키는 계기가 주어진다. 대부분의 경우 좋은 결과를 가져오지만 때로는 희망의 날개가 꺾이는 불상사를 낳기도 한다. 그 기로에서 만나는 사람이 선생인 경우가 많다. 스승의 말 한마디 행동 하나가 지닌 그 중요성이 작품에 깔려 있다. 작가도 "일생에 가장 소중한 분을 자주 찾아뵙지 못한 일을 뒤늦게 후회한다."고 덧붙여 은혜를 가볍게 여기는 오늘의 풍조를 아쉬워한다. " 인연 따라 만난 사람을 소중히 가져라."는 조언과 함께 스승의 날 꽃다발은 윤정희의 깊은 성품을 고스란히 대변하고 있다.

인연은 순탄하지만 않다. 만나지 않았거나 삶의 구역 가운데 들어오지 않았으면 더 좋았을 만남이 있다. 만일 그가 가족이거나 친한 친구라면 착잡한 기억으로 남을 것이고 잘 풀리는 자식보다 그렇지 못한 자식에 대해 부모의 아픔과 형제간에 안쓰러움도 마찬가지다. 〈아픈 손가락〉은 작가와 다른 인생을 살다 떠난 언니에 관한 이야기다. 맏며느리처럼 후덕한 용모가 오히려 약점이 되어 삶이 구렁텅이로 빠져버렸다. 단골 가출을 하고 버스 차장을 하고 파혼하고 끝내 타지에서 결혼하여 연락이 없다가 중늙은이가 된 채 생을 마감한다. 박복한 팔자이지만 어찌 보면 스스로의 삶을 조정하지 못한 결과라고 보여주는 듯하다.

〈우연이란 이름으로〉는 여고 시절에 더없이 친했던 친구가 어른이 되어 다시 만났을 때의 서먹서먹해진 사연을 적고 있다. 두 세월 사이에 놓인 배경은 옴팡진 시골 기와집이다. 작가는 학창 시절에 처음 그 집에 갔을 때 부러운 기분에 젖었는데 공인중개사를 하면서 우연히 찾아간 매물이 그때 그 집임을 알면서 우연이 때로는 운명을 가른다는 인간사를 재확인한다.

삶의 인연은 때로는 미완으로 끝나기도 한다. 위문편지가 며느릿감이 되는 기회를 주는가 하면 국적이 달라 가까운 가족이 결별하기도 한다. 이것이 세상살이이므로 작가는 어느 경우든 옳게 살아가는 방법을 배우라고 조언한다.

인연이 아닌 것을 억지로 붙들려고 해서 되는 게 아니란 것을 깨달았다. 완전히 지워버리기까지 오랜 시간이 걸리지는 않았다. 그래도 미련과 아쉬움이 조금은 앙금처럼 남는다. 남녀 간의 인연이란 하늘이 정해주는 것인 것 같다. 지금 우리의 부부 연을 맺어준 것도 하늘의 뜻일 게다. 천리天理에 순종해야 할 것 같다.

— 〈편지 소설〉에서

〈편지 소설〉은 학창 시절 파월 군인에게 위문편지를 보낸 것이 계기가 되어 자칫 그 집 며느릿감이 될뻔하였다는 인연을 고백한 글이다. '가지 못한 인생의 길'을 '편지'라는 사실성과 '소설'이라는 허구성으로 직조하여 현실과 상상, 희망과 좌절, 꿈과 상처로 이루어지는 인생의 명암을 보여준다. 어쩌면 인간은 미완의 인연에 대한 추억과 미련으로 살아가는 존재일지도 모른다. 이러한 인생관을 지녔음에도 윤정희가 삶의 어둠에서 양지로 나왔다는 점은 또 하나의 초상으로서 손색이 없다.

덧붙이며

수필은 작가가 살아온 인생을 반추하면서 독자와 삶의 희비를 공유하는 장르다. 개인사를 풀어내는 가운데 생성되는 작가의 인생론도 의미 있는 자전성을 지닌다. 그만큼 명징한 언술과 진실한 묘사가 필요하다는 것이다.

윤정희 작가의 첫 수필집 《장군의 가족》에는 개인의 인생과 가문의 실록과 사회적 역사성이 어울려 있다. 어린 시절부터 파란만장하게 살아온 덕분에 그녀의 인생 스토리는 다채롭고 극적인 희비를 연이어 펼쳐낸다. 그런 스토리를 읽은 것만으로도 여운 깊은 감동과 인생 교실 같은 인식을 얻는다. 무엇보다 생의 시련으로 단단해진 언어와 문장에서 작가의 강인한 성품도 발견한다.

서사는 어떻게 살았느냐보다 무엇을 위해 살았는가를 모티프로 한다. 그 점에서 《장군의 가족》은 가족 사이에 형성된 끈끈한 인생을 다루어 소설 이상의 긴장과 흥미를 제공하고 있다. 무엇보다 이 수필을 상재함으로써 〈서문〉에서 밝혔듯이 세상을 떠난 장군 오빠에게 한 약속을 지키고 형제자매로서 무인과 예인과 문인을 배출한 영광을 저세상의 오빠와 어머니에게 헌정하였다.

윤정희 수필집

장군의 가족

인쇄 2024년 3월 11일
발행 2024년 3월 15일

지은이 윤정희
발행인 서정환
펴낸곳 수필과비평사
주소 서울시 종로구 삼일대로 32길 36(익선동 30-6 운현신화타워) 305호
전화 (02) 3675-3885 (063) 275-4000 · 0484
팩스 (063) 274-3131
이메일 essay321@hanmail.net
출판등록 제300-2013-133호
인쇄·제본 신아출판사

ISBN 979-11-5933-520-4 03810
값 13,000원

Printed in KOREA